周博文 著

叶圣陶与中国现代儿童文学

北京师范大学出版集团
安徽大学出版社

图书在版编目(CIP)数据

叶圣陶与中国现代儿童文学/周博文著.—合肥:安徽大学出版社,2018.10
ISBN 978-7-5664-1633-9

Ⅰ.①叶… Ⅱ.①周… Ⅲ.①叶圣陶(1894—1988)-儿童文学-文学研究 Ⅳ.①I207.8

中国版本图书馆 CIP 数据核字(2018)第 137246 号

本书由江西财经大学出版基金资助。本书为作者主持的江西省社会科学规划青年博士基金项目"《儿童世界》与中国现代儿童文学(1922—1941)"(项目号:17BJ25)结项成果。

叶圣陶与中国现代儿童文学

周博文 著

出版发行:	北京师范大学出版集团 安徽大学出版社 (安徽省合肥市肥西路3号 邮编230039) www.bnupg.com.cn www.ahupress.com.cn
印 刷:	合肥现代印务有限公司
经 销:	全国新华书店
开 本:	152mm×228mm
印 张:	15
字 数:	150 千字
版 次:	2018 年 10 月第 1 版
印 次:	2018 年 10 月第 1 次印刷
定 价:	45.00 元

ISBN 978-7-5664-1633-9

策划编辑:张 锐	装帧设计:孟献辉
责任编辑:王 勇 张 锐 李晨霞	美术编辑:李 军
责任印制:陈 如 孟献辉	

版权所有 侵权必究

反盗版、侵权举报电话:0551—65106311
外埠邮购电话:0551—65107716
本书如有印装质量问题,请与印制管理部联系调换。
印制管理部电话:0551—65106311

目 录

绪 论 …………………………………………………… 1

第一章 "五四":中国现代儿童文学的发生 ………… 1

第一节　新文化、新文学与中国现代儿童文学的开启 …… 1
第二节　报刊出版与中国现代儿童文学创作的兴起 …… 37

第二章 叶圣陶与发生期儿童文学进程 ………… 57

第一节　文学研究会与叶圣陶儿童文学的创作生成 …… 57
第二节　文体实验与叶圣陶童话的现代性转型 ………… 75

第三章 现代时期叶圣陶儿童文学的价值辨析 …… 88

第一节　叶圣陶儿童文学的总特征 ……………………… 88
第二节　从理念到文本:叶圣陶的儿童文学教育 ……… 119

第四章 现代时期叶圣陶儿童文学的创作成因 …… 131
  第一节 时代语境建构的叶圣陶儿童文学观念 …… 131
  第二节 生平经历影响的叶圣陶儿童文学品格 …… 140

第五章 中国儿童文学的现代性诉求及叶圣陶儿童文学的代表性意义 …… 153
  第一节 现代中国童年想象与儿童书写 …… 153
  第二节 儿童、儿童文学与民族国家、理想世界建构 …… 173

结　论 …… 191

参考文献 …… 199

绪 论

叶圣陶是中国现代儿童文学的主要奠基人,在新文学运动初期,叶圣陶便创作了数量可观的儿歌、儿童诗、儿童小说、童话、儿童剧本等作品,一改我国早期儿童文学主要依靠国外作品编译、重述的面貌。叶圣陶儿童文学创作的出现,把"五四"以来关于儿童文学的理论探讨引向了创作实践层面,并进一步发展与修正了以儿童为本位的儿童文学观,尝试性地开掘了中国现代儿童文学"童心主义"与"教育主义"的两种创作路径,深刻地影响了中国现代儿童文学创作风格的形成。特别是刊发在我国早期白话儿童文学刊物《儿童世界》上的童话作品集《稻草人》的结集出版,标志着我国探索性、主体性、现代性儿童文学的最终生成,进一步宣告了"五四"以来作为独立形态的儿童文学成为事实,在创作上,确立了以童话为首的儿童文学在中国本土的生根,发生期中国儿童文学自此初步完成了它的自主性探索与建设之路。叶圣陶创作的儿童诗、儿童小说、童话等类别的儿童文学作品,具有明显的儿童文学自觉,改变了我国早期儿童文学作品技巧粗疏、内容简单、依赖模仿的弱点,具备了较为成熟的现代意义上的儿童文学艺术范型。同时,叶圣陶试图运用教育手段与文学方式,去呼唤与塑造理想个体的生成,希望儿童成为全新的新人,在儿童身上寄予对未来理想社会的期盼。通过文本,也潜在地反映了叶圣陶儿童文学活动背后,关于重构儿童到重构现代民族国家的隐藏诉求。

叶圣陶儿童文学研究是中国现代儿童文学研究的重点,叶圣陶与中国现代儿童文学观念的发生、创作的形成及发展变迁之间都有着紧密的联系与深入的互动。仔细考察近二十年来叶圣陶的儿童文学研究,还是能发现明显的缺憾,即对以童话集《稻草人》为代表的叶圣陶童话的整理研究远远大于对其文本研究。学界对于整个现代时期叶圣陶的儿童文学编创活动及历程缺乏系统梳理,因此对叶圣陶儿童文学的研究就不能有更为宏观、精准的分析判断。

一、现代时期叶圣陶儿童文学编创活动分期

现代时期叶圣陶儿童文学的编创活动大致可分为三个时段。

1. 文学研究会成立前后(1920—1922年)

这段时间是叶圣陶儿童文学创作的爆发期,在此期间,叶圣陶创作了数量可观的儿童诗、儿童小说与童话作品,特别是1921年至1922年陆续创作并发表在《儿童世界》杂志上的童话作品(1923年结集为《稻草人》),一直以来被视为中国现代童话的起点。此期,叶圣陶创作的其他体裁的儿童文学作品也同样受人瞩目,与同时期其他从事儿童文学创作的作家相比,叶圣陶的儿童文学不论是在艺术表现,还是在思想水准上,都具有更为成熟的范型。

2. 就职于商务印书馆时期(1923—1930年)

这段时间是叶圣陶儿童文学创作的沉寂期,在此期间,叶圣陶先后担任了《小说月报》《妇女杂志》等刊物的主编,创作多集中于成人文学领域。此期前半段叶圣陶有零星的童话作品发表在《儿童世界》等刊物上(如童话《牛奶》《甜》等作品);1928年,儿童歌剧《风浪》出版;1929年,叶圣陶开始创作《古代英雄的石像》《毛贼》等童话;这个时期,"五卅"运动爆发,对叶圣陶的人生与文学道路产生了深刻的影响,叶圣陶开始积极参与各种社会运动,并主编报刊、出版物,支持民主革命运动。在此期间,叶圣陶还校注过《天方夜谭》,编选过《子恺漫画》等儿童文学作品,参与编辑了商务印书馆的国文教材。这一时期叶圣陶儿童文学作品虽不特别丰富,但时代变革、社会运动影响了叶圣陶未来的儿童文学创作道路,对于叶圣陶的儿童文学生涯来说,是承上启下的关键时期。

3. 就职于开明书店时期(20世纪30年代)

这段时间是叶圣陶儿童文学活动的第二个高峰期。在此期间,叶圣陶担任了重要学生文艺刊物《中学生》的主编,并出版了第二本童话集《古代英雄的石像》(共收录9篇创作童话),在1936年出版的小说集《四三集》中,也收录了包括《鸟言兽语》《火车头的经历》在内的多篇创作童话。在原创儿童文学方面,1933年,叶圣陶的儿童剧本《蜜蜂》由商务印书馆出版。1932年,叶圣陶创作、编选了在当时影响巨大的《开明国语课本》,在这套课本中,叶圣陶选编并创作了大量的儿童文学作品。叶圣陶曾在《我和儿童文学》一文中谈道:"在儿童文学方面,我还做过一件比较大的工作。在1932年,我花了整整一年时间,编写了一部《开明小学国语课本》。"[①]这些儿童文学作品旨在提升儿童的国语能力与审美品位,也注重指导儿童增长智识与道德修养。在编选《开明国语课本》前后,叶圣陶也参与编选了《开明国文课本》《开明国文讲义》《新学制中学国文课本》等多套教材,在这些教材中,叶圣陶都选编了一定数量的儿童文学作品。此外,叶圣陶还参与编辑了中华书局版《小朋友文库》和商务印书馆版《小学生文库(第一辑)》等儿童读物,重新整理、编写了一批儿童文艺作品。

[①] 韦商编:《叶圣陶和儿童文学》,少年儿童出版社,1990年版,第3~6页。这本著作中叶圣陶文章《我和儿童文学》是其本人对于此期儿童文学编创活动的回忆。

二、二十年来叶圣陶儿童文学作品的整理与研究

江苏教育出版社从1987年开始出版叶圣陶文集，在2004年出版的26卷本《叶圣陶集》中，收录了叶圣陶一生大部分的文学、教育作品。其中第四卷为童话儿歌卷，选入了童话集《稻草人》《古代英雄的石像》、小说集《四三集》和教材《开明国语课本》中的部分童话及儿歌童谣，叶圣陶其他体裁的儿童文学创作如儿童小说、儿童散文、儿童诗等则被分散在其他卷中。

少儿类出版社对叶圣陶儿童文学作品的收录、出版主要以叶圣陶的童话代表作为主。2005年，中国少年儿童出版社出版了《叶圣陶儿童文学全集》，这套全集收录了包括诗歌、童话、小说、散文、剧本、改编故事等在内的叶圣陶各种体裁的儿童文学创作，特别对20世纪30年代出版的《开明国语课本》中的叶圣陶儿童文学作品作了有针对性的爬梳与收集。此外，值得一提的是，2012年海豚出版社出版了《名家散佚作品集：叶圣陶童书》（1—5册），这套丛书的母本是叶圣陶与吴研因等在20世纪30年代应邀为中华书局编选、收集、创作的《小朋友文库》丛书，新出版的《名家散佚作品集：叶圣陶童书》收录了常识、科普、游艺、音乐、美术、体育、文学、史地、教育等不同类别的文艺作品，这部丛书中叶圣陶选编、创作的儿童文学作品是新中国成立后第一次与读者见面。叶永和（叶圣陶之孙）也盛赞出版社挖掘、整理与复原民国时期儿童文学

典籍的工作,"对于继承文化传统,抢救文化遗产,起到了利在千秋的重要作用"。

二十年来,在重要的文学研究期刊上刊发的叶圣陶儿童文学研究论文,更多地侧重从文学史、文学现象、思潮与流派、作家与文本等角度考察叶圣陶的艺术成就与历史影响。

1. 叶圣陶儿童文学艺术特征的辨析

关于叶圣陶童话集《稻草人》艺术特征的研究二十余年来并不鲜见,但对叶圣陶其他体裁儿童文学创作的艺术特征,则较少有专门的论文进行论述。在童话集《稻草人》的艺术价值问题上,长期以来学界都存在着争论,特别是基于儿童本位的观念来看,质疑《稻草人》内容成人化、叙事模式化,作品过于注重说教而认为其不适合儿童阅读的声音一直存在。中国海洋大学朱自强教授在2013年发表的论文《论新文学运动中的儿童文学》中指出,叶圣陶这部童话集艺术上的缺憾在于其"非儿童本位"色彩。在今天看来,"它的意义和价值主要是一种文学史的意义和价值"。① 在朱自强2013年出版的《"分化期"儿童文学研究》中,在谈到童话集《稻草人》意义与价值时,他认为"如果以儿童本位的儿童文学标准来衡量,其自身是存在局限性的"。②

仔细阅读童话集《稻草人》和叶圣陶早期儿童小说,

---

① 朱自强:《论新文学运动中的儿童文学》,刊于《上海师范大学学报》,2013年第7期。
② 朱自强:《"分化期"儿童文学研究》,接力出版社,2013年版,第203页。

我们会发现,叶圣陶的儿童文学创作存在着明显不同的两种审美层次和类型,一类偏于揭露社会沉疴、讽刺黑暗现实、偏向成人化风格;另一类却明显地具有儿童语言、儿童趣味、童年天然生活情境。学界关于叶圣陶儿童文学作品艺术价值的争议——认为其童话创作模式化、成人化倾向争论可能的症结在于,过于看重以《稻草人》《画眉鸟》《聋子与瞎子》等为代表的明显具有讽刺与批判意味的现实题材童话作品,而忽略了叶圣陶其他儿童文学作品中对儿童纯美天性的展示。在当时的历史情境下,相较于"五四"之后其他为儿童写作的作家,不论是叶圣陶的童年经历,还是其父亲与师者的双重身份,都让其有更多新鲜及时的儿童资源与儿童经验,而叶圣陶一直以来对儿童的关注、理解、尊重及早期进步的儿童观与儿童文学观,也在具体的儿童文学创作上得到了充分的体现。

叶圣陶研究专家商金林1994年发表的《开拓我国童话创作的路——〈稻草人〉漫评》一文就指出童话集《稻草人》中的作品有着多重表现方式和不同审美层次,商先生认为叶圣陶早期童话注重书写"美""爱""人生",而中期的童话作品现实成分加重,但后期童话中"成人的悲哀"是作者试图用童话反映现实生活的一次自觉。刘增人的《叶圣陶传》指出,童话集《稻草人》展现出两个截然不同的童话世界:美的世界和丑的世界。而从美的讴歌到丑的揭露,"叶圣陶经历了一个感情的变迁过程"。[①] 有关叶

---

① 刘增人:《叶圣陶传》,东方出版社,2009年版,第73页。

圣陶童话艺术特征的研究,二十余年来,影响较大的是北京师范大学文学院王泉根教授的观点,王泉根曾将叶圣陶童话的美学精神凝练为"稻草人主义",其在1990年发表的论文《稻草人主义:中国现代儿童文学的美学精神》中指出"稻草人主义"的内涵是一种求真的美学指向和注重社会批判的现实主义精神。

2. 叶圣陶现代儿童文学史地位意义的研究

关于叶圣陶儿童文学史地位的评价,"开拓者""奠基人""现代性起点"等都是高频词汇。以往对于叶圣陶童话的文学史地位评估的重要参照是鲁迅在班台莱耶夫《〈表〉译者的话》中谈到的:"十来年前,叶绍钧先生的《稻草人》是给中国的童话开了一条自己创作的路的。"[①]鲁迅先生的这句话,肯定了童话集《稻草人》在中国儿童文学上的开创性贡献。刘绪源2012年出版的新作《中国儿童文学史略(一九一六—一九七七)》认为叶圣陶的童话作品,"在自古至今的中国文学的发展上,是开天辟地的大事变"。[②]朱自强在2013年发表的论文《论新文学运动中的儿童文学》中,指出在新文学运动以来的童话创作中,叶圣陶的童话集《稻草人》在当时来看成就最大,"代表着中国儿童文学的主体性、现代性的起点"。[③] 与其他儿

---

① 鲁迅:《译文序跋集》,人民文学出版社,2006年版,第262页。
② 刘绪源:《中国儿童文学史略(一九一六—一九七七)》,少年儿童出版社,2012年版,第16页。
③ 朱自强:《论新文学运动中的儿童文学》,刊于《上海师范大学学报》,2013年第7期。

文学研究者对叶圣陶童话在文学史上的地位重复地加以肯定与确认不同,吴其南先生在《中国童话史》中运用现代性理论,重新审视叶圣陶童话集《稻草人》的意义与价值,吴先生认为叶圣陶的童话最大贡献在于挖掘与表现了"五四"以来的人道主义精神,作品呼应了"五四"以来"人的解放"的历史命题,而童话集《稻草人》还潜藏着一股批判力量:就是对异化了的生活的抗议。①

二十年来,学界对于叶圣陶文学史地位及影响都给予了极高的评价与反复的确认。但就叶圣陶的儿童文学史地位的论证,论据资源都集中在童话集《稻草人》上,即叶圣陶对中国儿童文学发生意义的评估与阐发,而关于叶圣陶其他类别、体裁的儿童文学作品,则缺乏系统的梳理与宏观上的衡量、裁定。在叶圣陶对于中国儿童文学发展期的影响及其作品的地位方面较少有专门的论述,因此难以就叶圣陶在中国现代儿童文学中的地位、影响、意义等问题作客观、准确的评估。

3. 叶圣陶儿童文学生成背景的考察

关于叶圣陶儿童文学生成背景的考察与研究,一般分为两个层次,一是研究叶圣陶儿童文学创作生成的外部原因,即时代、社会、观念层面的改变对其创作产生的影响;另一方面是将其人生经历、教育背景、文学活动背景,即叶圣陶创作生成的内部原因作为重点考察对象。

---

① 吴其南:《20世纪中国儿童文学的文化阐释》,中国社会科学出版社,2012年版,第116~127页。

第一个层次，往往是研究者重点论述的方向。

商金林在《叶圣陶传论》中，着重分析了作为社会活动家的叶圣陶，在"五四""五卅"、抗日、新中国成立等时期，积极参与反帝爱国运动的政治立场和社会实践与其文学创作主题、风格的渊源。对叶圣陶创作生成的内部原因，研究者多侧重于对叶圣陶教师身份与其作品教育意义之间的关联而进行考察，即分析其师者地位与其儿童文学作品中教育主义功能的关系。也有部分学者就叶圣陶早期部分作品中所体现的儿童意识与儿童趣味，联系到叶圣陶在当时初为人父时的心理状态，进一步考察作为父亲的叶圣陶，对儿童的细致观察在文本中的体现。

叶圣陶长子叶至善2002年出版了长篇回忆散文《父亲长长的一生》，这本著作用较为感性的笔调和较为丰富的史料，书写了叶圣陶的生命历程，从生活细节处塑造叶圣陶，呈现了叶圣陶慈爱而又有责任感的父亲形象。同时，这部著作也着重勾画了叶圣陶的日常生活情景，从与父亲交流谈话的回忆中，作者修正了之前多个被误读、存在着争论的作品。叶至善同样也展现了父亲作为一个有高度社会责任感的知识分子，对社会时局、国家危亡的深切关注，身体力行为救亡图存运动所付诸的社会实践，这些生平经历与其儿童文学创作之间的关联。

4. 现代文学视阈中的叶圣陶儿童文学研究

作为现代白话文学早期的实践者与引领人，叶圣陶提供的文艺理论与创作方法，给早期新文学创作提供了理论依据与方法论的支持,为丰富、完善现代文学早期的文艺理论与批评作出过贡献,捍卫了新文学的尊严。作为新文学的第一批作家,叶圣陶对各类体裁、题材文学作品的尝试与探索,创作的具有实验性质的白话文学作品,扩充了新文学的表现形式与思想内涵,使得初入历史舞台的新文学创作有了较为丰富的艺术范式和品貌。叶圣陶是中国现代文学史上最早出版短篇小说集、诗歌合集、散文集与童话集的作家之一,在新文学理论与创作、儿童文学理论与创作上都有相当的建树,他的代表作品《隔膜》《稻草人》《倪焕之》等,很多都成为中国现代文学史上具有里程碑意义的文学作品。作为编辑出版家,叶圣陶参与编辑《诗》月刊、《文学旬刊》《小说月报》《中学生》等多种重要的新文学刊物,扶植奖掖新作家,创新编辑手法与理念,力保新文学的生机与活力,进一步巩固了新文学的成就。作为新潮社的主要参与者和文学研究会的发起人之一,他号召文学爱好者进行规范、严谨的文学创作,身体力行"为人生"的创作理念,并号召广大作家、教师工作者进行儿童文学创作,他的一系列文学思想、理念、创作与建设活动,不仅卓有实绩与成果,还潜在地影响了中国现代文学与发生期儿童文学的现实主义创作风格和传统的形成。

  叶圣陶的主要文学编创、传播活动集中于现代时期,文学界给予了叶圣陶及其作品充分的关注,对叶圣陶作品的艺术特质与风格都有过较多的论述,基本上肯定了叶圣陶为新文学建设所作出的尝试与贡献。同时期重要文学人物鲁迅、茅盾、郑振铎、朱自清、顾颉刚、傅斯年、沈从文、赵景深、丰子恺、钱杏邨等都对叶圣陶的作品有过评论。民国时期关于叶圣陶文学创作的讨论与评价，各有侧重，比较一致的意见是：认为叶圣陶明显现实风格的文学创作背后，潜藏着对爱与光明的希冀，试图用爱、生趣、愉快重建社会秩序的文学理想。研究叶圣陶现代时期的儿童文学编创活动，不能不联系其整个文学创作生涯，主要的中国现代文学史论专著都给予了叶圣陶和他的作品相当的篇幅进行论述与展示。早在20世纪30年代，王哲甫先生在《中国新文学运动史》中，就曾提到叶圣陶小说在当时的知名程度与社会影响。王先生更准确地指出叶圣陶的小说"以描写儿童的心理，天伦之爱，教育的状况见长"。① 同时对叶圣陶作品平淡中和的叙事模式、刻画入微的细节描写等特征做了简要品评，对叶圣陶为新文学所作出的努力给予了充分肯定。作者还高度评价了叶圣陶对中国童话创作的开拓性贡献和在艺术性上的成熟水准。他谈道："比较富于文学趣味的童话集，前一阶段内，当推叶绍钧的《稻草人》为最佳，叶氏以做父亲的地位，慈祥的心情，写出来自然较胜一筹。此外，便找不出一部让人满意的童话集，倒是翻译的童话实在不少。"② 这是笔者能找到的较早时期的文学史论著对叶圣

---

① 王哲甫：《中国新文学运动史》，上海书店，1986年版，第23页。
② 王哲甫：《中国新文学运动史》，上海书店，1986年版，第23页。

陶儿童文学成就的评价。王瑶先生1951年出版的《中国新文学史稿》中,谈到叶圣陶现实主义创作时,特别指出叶圣陶为人生的小说与现实主义风格的童话作品成功之处在于其"生活经验的深切和冷静观察的周密",肯定了叶圣陶客观写实创作的意义与价值,并指出"比较别的作家,他的题材算是最广阔的"。这本论著中也提到了叶圣陶的童话创作,王瑶先生认为叶圣陶的《稻草人》"是中国有新的健康的儿童读物的开始"。[①]

二十年来,主流的文学史论著如钱理群、温儒敏、吴福辉主编的《中国现代文学三十年》、严家炎编写的《二十世纪中国文学史》、唐弢主编的《中国现代文学史》,以及德国学者顾彬编著的《二十世纪中国文学史》等文学史论著都对叶圣陶的作品及其历史地位有比较明确的评价与定位。这些论著多以历史的研究方法,在时间的模型中考察作品的艺术价值,关注文本与时代的联系,注重呈现叶圣陶及其作品与当时主流文学思潮、文学谱系之间的关联,着重分析了不同历史阶段与重大事件影响下的叶圣陶文学创作及其作品风格。

主流的中国现代文学史著作甚少开辟专门的章节谈及中国现代儿童文学诞生与发展的历史进程,即使谈到儿童文学,也更多的是概貌性、介绍性地一笔带过。叶圣陶作为中国现代儿童文学的奠基人与代表作家,在中国

---

① 王瑶:《中国新文学史稿》,上海文艺出版社,1982年版,第62页。

现代文学史论著作中,被提及更多的是其在成人文学领域的成就。唐弢所著的《中国现代文学史》里,谈到了叶圣陶是现代文学史上最早写童话的作家。在童话的艺术特征上,叶圣陶的童话作品分为现实与超现实两个层面,而严肃地反映社会现实、暴露社会黑暗是他童话创作的主轴。同时,作者认为叶圣陶早年从事教育工作的经历、对教育界状况的熟知,使其教育题材的文学创作最为成熟和成功。但唐弢并未就叶圣陶儿童文学创作与成人文学创作之间的关联展开论述,就这个问题,顾彬在《二十世纪中国文学史》中认为,叶圣陶为早期白话文小说创立了"人生小说"的艺术类型,而后来,他与冰心所选择的儿童文学创作道路,"不仅为中国创造了一种新的文学体裁,更是把儿童引入了严肃文学领域"。① 与顾彬不同,旅美学者夏志清在《中国现代小说史》中,虽然高度肯定叶圣陶成人文学创作领域的成就,②并且指出关于小学生题材的小说是叶圣陶更具成熟艺术形态的作品,但对儿童文学史上评价甚高的叶圣陶童话却不以为然。他认为:"叶圣陶写的童话,常常流于说教,他最有名的童话,如《稻草人》和《皇帝的新衣》都是模仿安徒生的。"③这样的

---

① 顾彬:《二十世纪中国文学史》,华东师范大学出版社,2008年版,第32页。
② 夏志清在《中国现代小说史》中认为"在所有《小说月报》短篇的小说作家中,叶绍钧是最经得起时间考验的一位……叶绍钧却很能稳健地在六个小说集里维持他同时代的作家群鲜能匹敌的水准"。夏志清:《中国现代小说史》,复旦大学出版社,2005年版,第79页。
③ 夏志清:《中国现代小说史》,复旦大学出版社,2005年版,第79页。

论说未免过于直观,不够审慎,对叶圣陶的童话也存在一定的误判。

中国现代文学的童蒙期也正是中国现代儿童文学的发生期,成人文学与儿童文学同时站在历史的舞台上,叶圣陶作为早期新文学的代表作家和中国现代儿童文学的奠基人,从他的文学活动中,人们可以看到现代文学与儿童文学之间紧密而又复杂的关联。各种现代文学史论著作、儿童文学史论著作及学术论文,在叶圣陶成人文学与儿童文学之间关系等相关话题上,都还存在着可阐发的空间。细致翻阅叶圣陶的文学创作史,在新文学运动初期和之后的三十年代,其成人文学创作与儿童文学创作齐步并行,叶圣陶成人文学的创作思想和为人生的艺术旨趣,同样深刻地影响到他儿童文学艺术风格的生成。它们之间的相互联系、影响与呼应关系,值得进行深入的探讨和研究。

从二十年来叶圣陶儿童文学研究的重要文献中,我们不难发现,不论是对叶圣陶儿童文学审美特征的辨析,还是基于对叶圣陶在现代儿童文学史地位价值上的评判,主要的论据资源还是集中在童话集《稻草人》上。论据资源上的缺失或倾斜,对于从整体上考量叶圣陶儿童文学成就及其儿童文学创作思想的衍变都是不利的。不论是对现代时期叶圣陶儿童文学编创活动的梳理辨析,叶圣陶儿童文学观念上的发生与演进,还是叶圣陶所代表的中国儿童文学在现代时期所承载的成人话语与国家民族建构间的关系,很多关于叶圣陶儿童文学相关话题的研究还有待开掘。对现代时期叶圣陶的儿童文学编创活动亟待作进一步的梳理、分析、论证与研究,在钩沉、爬梳史料后,对叶圣陶儿童文学重新进行定位、评判,对相关话题再作分析与开拓,就显得十分必要。

第一章 "五四":中国现代儿童文学的发生

第一节 新文化、新文学与中国现代
儿童文学的开启

"五四"运动,作为新文化运动与新文学的起点,改变了中国的政治与文化格局,是中国走向现代性①的起点与标志。近百年来,文学研究不断从"五四"运动中提取经

---

① 何谓现代性?法兰克福学派代表学者尤根·哈贝马斯在《现代性:一个未完成的方案》一文中认为:"现代性反复解说着一个时段的意识,恰是为了将自身理解成从旧到新的转变之结果。"并且指出:"是19世纪的浪漫主义产生了对现代性的激进意识,该意识把自身从此前的所有历史关联中抽离出来,唯在与作为一个整体传统和历史抽象对立中来理解自身。"现代性是一个时间意识,更是一种精神表征,它标志着与原有社会形态、生活模式、价值标准的根本对立,现代性产生于现代社会中,在这里,思想文化的背弃与转化、重构与建构使得外在制度、体系与内在精神、文化都有了质的突变。现代性的意识与思想也突出地反映在文学艺术领域。

验与资源,其效能被后人不断拓展、生发,凸显了"五四"运动超越时代的精神价值。文化领域新质的吸收、借鉴,旧学的摒弃与改造,不同流派、社团、主义之间的争辩,众声喧哗的背后,是启蒙思想者革新、新人的理想诉求,以及对现代民族国家的想象与希望。

"五四"运动,作为中国现代儿童文学的起点,长期以来却被主流文学史论著作忽视。"五四"新文学运动的健将鲁迅、周作人、茅盾、郑振铎、叶圣陶等,都曾积极呼吁或参与发生期中国现代儿童文学的建设工作,并有力地推进了中国现代儿童文学的事业。文学的童年,儿童文学与现代文学相伴相生,互为影响,现代文学的出版体制、集团话语、文学活动极大地影响了中国现代儿童文学的发生,中国现代儿童文学的发生发展也始终受制于中国现代文学。发生期儿童文学有着不同的创作理路与诉求,叶圣陶儿童文学在一定程度上代表与反映了中国现代主流儿童文学的创作风向,以儿童为本位和以现实为主导的两种儿童文学创作潮流,凸显了成人想象中儿童阅读需求与社会新人需求之间的错位、冲突。

一、晚清民初:儿童的文学与读物资源

历史上,不论是中国还是西方,儿童在社会文化与实际生活中,都是被压抑的生命个体,只是一个生物学的存在。在儿童成长过程中,他们的食物、服装、游戏,甚至所从事的劳动几乎与成人无异。法国历史人类学者菲力浦·阿利埃斯通过研究欧洲儿童的生活历史,发现"一旦儿童越过

可能造成他过早夭折的高死亡率时期,他就融入成人之中了"。①在中国,对儿童身体、生活、情感及其需要的忽视有着诸多的社会历史原因:儿童的夭折、成长过程中的高死亡率、封建社会稳固的纲常伦理体系、主流儒家文化对老者的推崇、祖宗的崇拜,都是使得儿童作为一种缄默无声状态而存在的重要因素。英国传教士坎贝尔·布朗士1909年写作的《中国儿童》(The Chinese Children)曾谈到:"在中国的家庭里,父母对于子女有至高无上的权力,甚至他们的子女成年后也是这样。"②中国封建社会成人对于儿童身体与精神的统治,难以诞生真正意义上的童年概念,成人对于儿童生活的粗暴干涉,缩短了他们的童年周期。在儿童读物方面,用文言文写作的各类童蒙类读物,如《三字经》《千字文》《幼学琼林》和"四书五经"一起,通过以传统伦理道德为主的灌输式教育、私塾严苛专断的教授方式和以科举及第为目的的教学设计,摧毁了儿童自我的个性生长,也不可能照顾到儿童的实际心理需求和阅读接受,使得儿童正常的精神与情感发育受阻。

在古代,儿童与成人的阅读资源没有清晰的界限,文言文在语言体式上与儿童的理解接受相去甚远。官方没有专门针对儿童语言与思维习惯的阅读资源,但在民间,我们不难发现,中国传统的家庭,家中的长者特别是女

---

① [法]菲力浦·阿利埃斯著,沈坚、朱晓罕译:《儿童的世纪:旧制度下的儿童和家庭生活》,北京大学出版社,2013年版,第193页。
② [英]坎贝尔·布朗士:《中国儿童》(The Chinese Children),选自[美]泰勒·何德兰、[英]坎贝尔·布朗士著,魏长保、黄一九、宣方译:《孩提时代:两个传教士眼中的中国儿童生活》,群言出版社,2000年版,第213页。

性,较多地利用民间故事、历史英雄事迹、儿歌等儿童乐于听赏与接受的民间文学形态感染与教化儿童,对于儿童的道德、文学、审美素养起着引导作用。在美国传教士泰勒·何德兰撰写的《中国的男孩和女孩》(The Chinese Boy and Girl)一书里,作者曾提及他于晚清时期通过中国民间社会采风,从一位普通妇女口中搜集到600多首儿歌,而这些儿歌在语言形式、表达方法、韵律节奏上十分适切于儿童的认识能力与听说水平。例如至今依然广为传唱的一首:"小老鼠,上灯台,偷油吃,下不来,哭着闹着叫奶奶,奶奶赶集还在外……"①在泰勒搜集的晚清儿歌中,有书写动物、植物、儿童生活、儿童生命等多种不同题材的作品,这些以口语化为特征的民间儿童歌谣,为儿童的生活、认知、教育、成长提供了一个情感化、趣味化、文艺化的精神空间。应该认识到的是,传统社会中,契合儿童需求的文艺资源并非是一片空白,但这些零星的、非自觉的民间口传文艺资源并不能表明中国古代有专门的延续性的儿童文学作品。这些多从儿童生活与熟悉的事物出发而集体创作的口头歌谣,旨在对儿童进行监督、规范、劝导,具有较浓的道德教育意味,一些承载了封建观念与思想,带有落后迷信思想的儿歌也非常显见。

---

① [美]泰勒·何德兰:《中国的男孩和女孩》(The Chinese Boy and Girl),选自[美]泰勒·何德兰、[英]坎贝尔·布朗士著,魏长保、黄一九、宣方译:《孩提时代:两个传教士眼中的中国儿童生活》,群言出版社,2000年版,第57页。

晚清以降,西方的炮火加速了封建王朝的灭亡;西学的引进,西方优秀文化思想的引入加剧了封建思想文化的衰败与解体;东西方政治、军事、文化的碰撞让进步知识分子越来越认识到封建制度、封建思想的穷途末路,也让他们看到了理想社会的图景。清末以来,中国就在器物、思想、文化等多个方面寻求着变革,探寻前行与发展的可能性。改良派在倡导向西方学习先进的政治体制、科学技术的同时,也同样注重中国未来一代的出路,幼学的提倡与教育体制的变革被改良派提上了议程。晚清教育改革的提倡与教育小说的勃兴有着深切的功利意图,康有为在1895年5月2日上清帝二书中谈到改革中国教育的问题,对民众的改造必须从教育入手,而教育新人,关乎着未来科技、经济、政治的发展,更关系到国家的强弱。他感叹"夫天下民多而士少,小民不学,则农工商贾无才""夫才智之民多则国强,才智之士少则国弱"。① 如何改变旧国面貌,建设未来理想社会?康有为进一步提出儿童教育的改革问题,学校教育改革所培养的人才要为国家所用,人才要适用于国家民族的未来发展,在上清帝四书中,康有为所强调的学校教育改革侧重科学技术以及应用型学科的教育改革。"乡塾童学读史、识字、测算、绘图、天文、地理、光电、化重、声汽之学校不设,则根

---

① 康有为:《上清帝第二书》,《康有为全集》(第二卷),中国人民大学出版社,2007年版,第39页。

砥不立。"①晚清的教育改革与国家发展民族振兴的宏伟愿望联系在一起,幼学的提倡是改良者从改造人再到改造民族国家未来的理想期待。

清末,一些卓有远见的教育者、出版家开始关注到了儿童的教育与阅读问题,进步的刊物及蒙学报纸开始讨论儿童教育及儿童读物话题,《杭州白话报》1902年第9期、13期上刊登的文章《论今日最重要的两种教育》提出了女子教育与儿童教育的重要性,文章认为"我国蒙学,久已腐败"。而儿童教育的重要性在于"儿童教育,是成人的始基"。对儿童教育的探讨,自然会涉及儿童教材与读物话题,知识的分化与职业的分化②也使得儿童文学活动在晚清开始萌发。

但从实际情况而言,晚清以"儿童"命名的报刊,其实与儿童世界相去甚远,其阅读接受群体也并非专门针对儿童。最初出版于广州的中国最早的"儿童期刊"为外国传教士编辑的《小孩月报》,1875年转至上海出版,是一份主要宣传基督教义的杂志,同时也刊发游历、寓言、诗歌、科学、天文、音乐知识等作品,部分寓言、音乐、认知类作品适合于儿童阅读与理解水平,但刊物的总体思想内容、栏目设置、文章形式与"小孩"群体的阅读需求并不完全

---

① 康有为:《上清帝第四书》,《康有为全集》(第二卷),中国人民大学出版社,2007年版,第85页。

② 汪晖在《现代中国思想的兴起》一书中曾经指出:"晚清至现代时期,中国社会伴随着都市的发展和教育体制的变革,显然也发生了新的知识的分化和职业的分化。"汪晖:《现代中国思想的兴起》,生活·读书·新知三联书店,2004年版,1286页。

契合,例如文章《求则得子》《花夜记》等(1875年第3期《小孩月报》);而1903年出版的《童子世界》更是与"童子世界"相去甚远,这份报常被学者视为中国人最早创办的儿童报纸,但仔细翻阅此报会发现儿童并不是该报的读者群体。从该报刊登的历史、地理、政治、博物等相关文字作品来看,这份报纸几乎不基于儿童的阅读接受。是一份主要宣扬革命思想的报纸。① 可见晚清报刊中的"儿童"是朦胧的、模糊的,以儿童为题名的报刊文章,大多与以青年、成年为题名的作品之间没有清晰的界限。

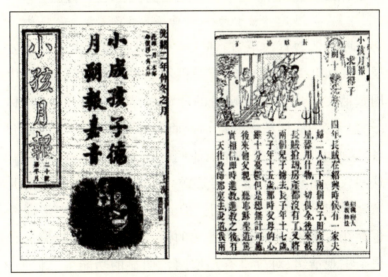

图1 《小孩月报》封面及其所刊发的文章

---

① 胡从经在《晚清儿童文学钩沉》中指出:"《童子世界》是一旨在宣传革命的报纸……也很侧重刊发文艺作品,而这些作品也饱孕着民族民主革命的思想内容。"胡从经:《晚清儿童文学钩沉》,少年儿童出版社,1982年版,第117页、第223页。

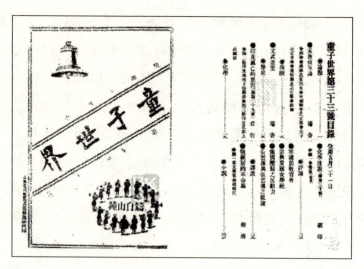

图 2 《童子世界》封面及其目录文章

晚清的教育改革、白话文运动,以及编辑出版业的发展为现代儿童文学的创生提供了土壤。就童话而言,中国童话文体最初是从晚清的译介作品中分离出来的,林纾、包天笑、周桂笙以及梁启超都是中国早期童话的译介者,这些童话资源多来源于他们翻译来的成人文学作品。这些较早出现的儿童文学资源,对进一步孵化本土的儿童文学起到了一定的作用。但是,晚清的儿童文学译介也存在着明显的不足,文言文的语言体式、翻译与编选者夹杂主观情绪、对故事有意增删、①明显的功能主义倾向,使得这些儿童文学资源并未呈现出儿童文学所应具备的特征与样态。

在中国古代童话资源上,周作人曾搜集、整理包括

---

① 如包天笑所译的《馨儿就学记》对原著经过了较多的修改,(母本为意大利作家亚米契斯的《爱的教育》),且主人公变为包氏自己的孩子馨儿。

《吴洞》《蛇郎》等在内的诸多民间故事与志怪小说,周作人在《童话研究》《古童话释义》与《童话释义》等文中将这些取自于传统话本、志怪小说、传说故事的作品归类为童话文体,并认为"叶限"的故事堪称世界上最早的灰姑娘型童话。现在看来,这些故事①内容虽然一定程度上适合儿童心理,作品部分的技法、元素与童话的表现形式与表达技巧也有着交叠,但需要认识到的是,周作人过于强调了民俗学与人类学意义上的宽泛儿童文学,而忽略了童话文本的语言形式及儿童的实际接受,这些传奇、志怪故事皆为文言体式,与儿童的实际阅读水平、欣赏能力相去甚远。其实,中国古代童话资源并不具备童话文体上的自觉,中国古代包括《山海经》《搜神记》等在内的神话传说虽然有着与童话相类似的元素、手法甚至是题材内容,却不能归类于童话文类。现代童话汲取了神话、传说、故事等在内的精神营养,但与这些文体依然有着较为明确的界分,童话不只是契合儿童的心理、感情,更要在实际的阅读接受中,适合于他们的语言、思维能力,而民间故事资源之所以能被利用改造成现代的童话文本,口传文学本身具有的儿童化口语叙说的方式是其优势之一。

---

① 如《蛇郎》,周作人在《童话研究》中引用其故事:樵人有三女,一日入山,问女所欲,幼者乞得鲜花一枝。樵方折华,乃遇蛇郎,言当以一女见妻,否则相噬。季女请往,他日其姊造访,妒其富美,诱使窥池,溺而杀之,自以身代。女死化为鸟(越俗名清水鸟,多就清水池取虫蛆为食),哀鸣树间,姊复杀之(一作溺泔水缸中死之),埋诸园中,因生枣木。蛇郎食之,其实甚甘,姊若取啖,皆化毛虫,乃伐以为灶下榾。蛇郎用之甚适,姊坐辄蹶,又碎而然之,木乃暴裂,中姊之目,遂瞎(一作火发烂姊手遂废)。

不论是儿童文学的译介作品,还是发表在儿童报刊上的作品,晚清民初的儿童文学资源都较少真正地站在儿童接受的立场上,一些作品有着突出的功能主义倾向。但这些陆续引进、改译的舶来文学作品,影响着中国现代儿童文学的最初创作,专门的儿童文学翻译、创作、出版者的出现,推动了中国儿童文学本土化、现代化的进程。这些被发表、被出版的作品,体现了儿童文学在中国早期的生存状貌,进一步培植与孕育了中国现代儿童文学的生存土壤。

二、"五四"新文化:观念的变革与中国现代儿童文学

"五四"运动之前的1900年,梁启超在《清议报》上发表《少年中国说》,"少年"的概念其实已经越出童年范畴之外,广泛包含了具有成人责任与使命意识,敢于担当的少年与青年。文章深刻地批判并试图解构封建社会以老为尊的病态观念,意在重整、激发国人精神。"老年人如秋后之柳,少年人如春前之草。老年人如死海之潴为泽,少年人如长江之初发源。"[1]梁启超将"国家"的命运紧紧地与作为个体的"少年"结合在一起,寄希望于少年的行动,这里出现的"少年"是一个以走向成人为目标的,被寄予改造社会与国家命运的青壮年群体。他呼吁"少年智则国智……少年进步,则国进步"[2],这里的少年并不能等同于儿童,也不能完全地指向青年,但文章勇于把少年置

---

[1] 梁启超:《少年中国说》,刊于《清议报》,1900年第35册。
[2] 梁启超:《少年中国说》,刊于《清议报》,1900年第35册。

于老者之上,确立少年作为社会进步的先锋,历史时代的舵手的主体性地位,进一步为"五四"时期彻底否定封建长幼秩序、纲常伦理,发展进步的儿童观奠定了舆论方向。

少年、青年词汇的频繁出现已经挑战了以古为尊、以老为本,复古、守古的腐朽观念。1915年9月1卷1期《青年杂志》的发刊词《敬告青年》中,陈独秀把青年比作"初春""朝阳",是"人生最可宝贵之时期也"。《敬告青年》用西方进化论思想,大胆地挑战了封建伦理与道统秩序,进一步指出了青年作为社会与历史变革动因的重要性,文章体现了"五四"新文化运动领导者解放自我、剖析自我、革新社会的使命意识,同时号召他人摒弃旧道统,建构科学、理性、民主的现代社会愿景。后来的学者把《青年杂志》的诞生与发刊词看作力主革新、重新评判一切价值的新文化运动的起点。在发刊词中,陈独秀对复古、守古思想的批判不留一丝情面。他认为,"陈腐朽败者无时不在天然淘汰之途,与新鲜活泼者以空间之位置及时间之生命。人身遵新陈代谢之道则健康……陈腐朽败之分子充塞社会则社会亡"。[①] 从自身的觉醒,到呼唤他人的觉醒,试图用觉醒的力量,去冲破固有价值体系;"五四"新文化运动先驱试图用理性汰洗陈旧、迂腐的道德纲常、封建礼教,追求变革、指导人生,而人的主体性位置就在这一次次的声讨与探求中得到了最初的确立。

---

① 陈独秀:《敬告青年》,刊于《青年杂志》,1915年第一卷。

"五四"时期,政治事件的持续发酵,带来了思想文化上的大声讨,启蒙思想者推崇理性,反叛传统,废旧革新的运动成为了冲破封建樊篱的导火索。李泽厚在《中国现代思想史论》中指出"主张彻底扔弃固有传统,全盘输入西方文化,是新文化运动的基本特征之一"。① 扔弃固有传统,对现代意义上的进步儿童观的形成有着重要意义,"五四"新文化运动者强烈的重新估价一切的热情否弃了伦理纲常,解救了封建桎梏中的人,一直处于边缘的妇女与儿童被发现。从批判封建伦理中畸形的父子、长幼关系中,"五四"新文化运动的先驱发现了长久以来处于弱势与受动地位的儿童。"父为子纲"等旧伦理道德被扔弃,"缩小的成人""成人的预备"等落后的儿童观念被重新审视,现代意义上进步的儿童观念此时期逐步成型。

　　儿童的解放,是人的解放历史命题的延深,是对儿童新身份与地位的重新确认,是对人自身来源的认同与关切。觉醒的自我成为发现人的第一步,而思想启蒙者并不满足于自我的清醒状态,从自我觉醒到唤醒他人,从"爱己"(鲁迅语)到"爱人",启蒙思想者从批判封建礼教对人的摧残与戕害中,看见了沉默着、被虐待着的儿童,依靠西方进步的人类学、生物学、儿童学资源进一步提出并确立了"儿童本位"的儿童观念。

---

① 李泽厚:《中国现代思想史论》,生活·读书·新知三联书店,2008年版,第5页。

儿童的发现是以鲁迅"立人"为核心的启蒙思想的进一步生发。鲁迅直截了当地告知世人："将来是子孙的时代。"①在《新青年》杂志发表的有关儿童问题的文章中，影响最为深远的是鲁迅在1919年11月发表在6卷6期上的《我们现在怎样做父亲》，在这篇文章中，鲁迅借用生物进化论的理论极力反对以古为尊的封建思想，试图用新的价值体系去关照、发展每一个个体的生命，而延续与发展，则要从悖弃旧"伦常"的勇气中获得。鲁迅严厉地批判所谓"圣人之徒"对社会进化的倒行逆施，进一步提出了"幼者本位"的进步儿童观念，而如何做到幼者本位，鲁迅也给予了方法论上的指导："开宗第一，便是理解……第二，便是指导……第三，便是解放。"②鲁迅认为，"父母对于子女，应该健全的产生，尽力的教育，完全的解放"。③从人的解放到子女的解放，从子女的解放进一步延伸至对儿童个体的尊重与价值的认同，认识到童年对于人漫长一生的作用。鲁迅先生儿童本位思想意在批判封建社会长久以来对于儿童以及对于人的漠视与虐待，意在对传统伦理价值进行坚决地批判，出发点是人的解放，核心是对幼者的尊重，鲁迅从构建现代社会进步的伦理观出发，进一步提出了适于儿童发展的儿童本位观念。

---

① 鲁迅：《鲁迅全集》（第二卷），同心出版社，2014年版，第37页。
② 唐俟：《我们现在怎样做父亲》，刊于《新青年》，1919年6卷6号。
③ 唐俟：《我们现在怎样做父亲》，刊于《新青年》，1919年6卷6号。

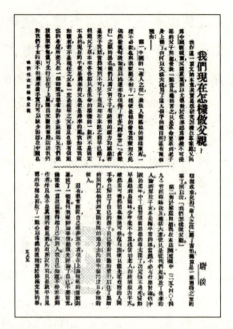

图 3　刊于《新青年》6 卷 6 期《我们现在怎样做父亲》

儿童是周作人初期人学建设的重要组成部分,改革儿童的教育首先要对儿童有科学的、客观的认识,周作人是近代中国较早提出"儿童"与"儿童文学"概念、关注"儿童"问题的理论家,也是第一个较为清晰地勾勒出"童年""儿童"概念边界与内涵的学者。周作人儿童本位思想注重理性与学理的探究。① 周作人借鉴西方先进的人类学、社会学、教育学、儿童学资源,进一步发展了"儿童本位"的儿童观念,在《儿童研究导言》中,周作人指出:"凡生物

---

① 在《儿童问题之初解》这篇文章中,周作人认为"一国兴衰之大故"的重要原因在于"考其国人思想视儿童重轻何如",相较于鲁迅对封建纲常批判的彻底与不留情面,周作人对于儿童问题的研究更具冷静的一面。他运用西方生物进化论、遗传学等理论资源,阐释不同个体之间存在的具体差异,提倡运用教育的引导,发展他们不同的潜力。

之有其儿童期,即所以为其入世之预备。"①周作人在这篇文章中明确地把儿童期按照年龄、体质、心智等特点划分为四个阶段:婴儿期、幼儿期、少年期、青年期,他对儿童不同阶段的划分及其对不同阶段心理、智力、体能的阐释已经与皮亚杰发生认识论中关于儿童心理发展的层次论有所交叠和重合。以儿童不同的年龄层为标准,划分儿童文学的不同层次,周作人在其后的儿童文学研究的文章中,还有过关于分级阅读的一些理论雏形,这些观点在今天仍被主流的儿童文学界借用。

相较于周作人较为严密而科学的儿童学理论系统,叶圣陶不论是儿童本位思想还是儿童教育改革思想都更多地重视实际应用与操作层面。叶圣陶是从落后的儿童教育现实中来探讨儿童问题的,但叶圣陶对于儿童的认识更多的来源于自身的职业经验。叶圣陶的儿童文学观念、理论与创作初步成型于"五四"时期,而在"五四"之前,叶圣陶在实际的教育教学工作中,与儿童的密切接触中,逐步奠定了其对于儿童、儿童教育、儿童文学所秉持的态度、情感和立场。1912年,叶圣陶毕业于草桥中学后,先后在苏州中区第三初等小学、上海尚公学校、吴县县立第五高等小学任教员,相较于"五四"时期其他从事儿童文学活动的作家,丰富的儿童教学经验让叶圣陶更能挖掘儿童学习与生活的细部,也使得他更能注意到传统社会儿童身心成长受制的问题根源。1922年叶圣陶发

---

① 周作人:《儿童研究导言》,《周作人论儿童文学》,海豚出版社,2012年版,第145页。

表在《教育杂志》中的《小学国文教授的诸问题》有过这样一段叙述：

> 我看见许多家庭里，不仅是贫苦而无暇顾及孩童的，对于孩童，不承认他的本有的地位，不了解他具有可以发展的能力；对他只有玩弄，只有责骂，而没有谈话。更有绝对不理孩童的，当给衣给食或斥责的时候，用着命令的语气吩咐，就完了。在这种家庭里的孩童，虽然同成人住在一起，差不多完全隔离。①

叶圣陶通过亲身经历，认识到传统家庭对于儿童身体与精神的漠视，不仅如此，在学校中，同样的状况也普遍存在，这成为他倡导以儿童本位为核心的儿童观念的原始出发点。

> 不幸一般教授国文的却衔接了不良家庭的办法！他们也是置儿童于不理，非授课时间竟判若两国，绝无笑语一堂的时机。②

儿童在传统社会中被置于边缘的位置，对他们的教育教养无不渗透着成人的欲望与权力，解放儿童，首先必须承认其生命个体存在的合理性，才能进一步考虑与研究关照儿童、教育儿童的方法策略。"五四"时期，叶圣陶的儿童观念总体来说是站在反对封建伦理、长幼秩序的对立面上，倡导尊重儿童个体以及儿童天性、情感、兴趣，以"儿童为本位"的儿童观念。他以这样的观念来指导实际的儿童教育与儿童文学编创活动。叶圣陶深刻地认识到，封建礼教礼仪与封建教育制度，

---

① 叶绍钧：《小学国文教授的诸问题》，刊于《教育杂志》，1922年第14卷1号。
② 叶绍钧：《小学国文教授的诸问题》，刊于《教育杂志》，1922年第14卷1号。

"不会了解儿童,不以儿童本位一义为教授的出发点",①严重影响了儿童身心健康成长。要改变现状、寻求教育的发展,就必须正视儿童问题,将儿童视作一个平等的具有主体性的生命存在,恢复儿童生来享有的权利。

叶圣陶的儿童本位观念,承载着"五四"反封建道统的启蒙主题,试图肯定与张扬儿童的生命价值以瓦解封建长幼秩序与伦理道德,挑战了中国传统的伦理观念。叶圣陶站在人道主义的立场上,希望通过自身努力去唤醒国人对于人的权利与尊严的重视,儿童则是这条批判封建道德、唤起与拯救道路上的精神对应物。1921年,叶圣陶在儿童教育改革剧本《恳亲会》中,借主人公秦佩瑜之口,抨击了阻挠学校教育改革的封建势力,"他们有的是祖先崇拜,把坟墓里面埋藏着的骸骨看得比什么都郑重"。② 在传统的儿童读物问题上,叶圣陶认为"坊间原堆着满架的书,但大部是非儿童本位、非语体文的"。③

需要指出的是,"五四"之后,叶圣陶的儿童本位观以及注重实践的教育思想与美国实用主义哲学家杜威的"儿童本位""儿童中心"的教育方法在理念与实际操作上都有着交叉与偶合,叶圣陶倡导开放型的学校教育——为学生建立农场、图书室,让孩子做工、学习戏剧等新型教学模式似乎借鉴与承袭了杜威先生所提倡的"学校自身将成为一种生动的社

---

① 叶绍钧:《小学国文教授的诸问题》,刊于《教育杂志》,1922年第14卷1号。
② 叶绍钧:《恳亲会》,刊于《小说月报》,1921年第12卷7号。
③ 叶绍钧:《小学国文教授的诸问题》,刊于《教育杂志》,1922年第14卷1号。

会生活的真正形式,而不仅仅是学习功课的场所"①等思想。翻阅史料,我们不难发现,叶圣陶在杜威先生来华之后,才在其评论文章中出现"儿童本位"这个新词,但是否叶圣陶的儿童观念就源于杜威理论的影响？1920年6月21日,杜威在苏州发表演讲,叶圣陶作为观众之一聆听了杜威的讲学,并写作了小说《欢迎》,小说内容并没有涉及杜威演讲的内容。但在后来叶圣陶的代表小说《倪焕之》中却谈到了杜威的教学方法,作者借小说主人公倪焕之之口说:"近来看杜威的演讲稿,有些意思与我们暗合;我们的校长蒋冰如曾带着玩笑说'英雄所见略同'呢。"②小说主人公的话语不足以验证叶圣陶没有直接借鉴杜威的"儿童中心主义"思想,依据史料我们能发现"五四"时期,叶圣陶的儿童本位观念与杜威的儿童中心思想有着比较明显的区别。

在杜威的教育论著《学校与社会》中,杜威指出教育界应发生"一场和哥白尼天体的中心从地球转到太阳那样的革命。在这种情况下,儿童变成了太阳,教育的各种措施围绕着这个中心旋转,儿童是中心"③,而学校的教育则必须针对儿童的本能、兴趣,学校不该与生活隔离,应为儿童营造一个小型的社会,让他们的本能、需要得以充分发展、提高。杜威的以儿童为中心的教育思想也有明显的指向性,意在发展儿童的各

---

① [美]杜威著,吕达、刘立德、邹海燕主编:《杜威教育文集》,人民教育出版社,2008年版,第5页。
② 叶圣陶:《倪焕之》,《叶圣陶集》(第3卷),江苏教育出版社,2004年版,第197页。
③ [美]杜威著,吕达、刘立德、邹海燕主编:《杜威教育文集》,人民教育出版社,2008年版,第42页。

种社会潜能,让他们更好地应对未来社会的职业需要,学校应为他们提供这样一个拟社会化的场所,在尊重他们本性的前提下,让孩子自主地选择发现自己的职业能力,而学校的义务在于给予儿童便利的条件与实际的经验,是实用主义哲学思想影响下的儿童教育理念。

且不说叶圣陶早期是否真正阅读且没有讹误地接受过杜威实用主义教育思想,从具体的内涵看,叶圣陶的儿童本位思想也并非杜威的儿童中心主义的变异,"五四"时期叶圣陶的儿童本位观念,在思想渊源、出发点及目的上与杜威的实用主义儿童教育观念有着显著的差别。其一,叶圣陶作为新文学运动的先驱,他的儿童本位思想具有明显的反封建意识,是站在封建纲常秩序对儿童身体与情感忽视的对立面基础之上,是"五四"以来对人的发现历史命题的深层次扩展,意在毁弃旧有伦理秩序,而达到发现儿童、了解儿童、教育儿童的目的,也在于为了培养儿童成为健全的人。其二,在功能与目的上,惨痛的社会状况与贫弱的国家现实,让叶圣陶儿童本位的思想具有明显的功能主义倾向,意在培养新一代的国民,这样的国民是可以改变国家旧貌,拯救民族国家于水火的国民,而不是培养孩子成为具有职业能力与水平的公民。

发现人,发现儿童,在尊重儿童的本能、天性之后,最重要的事情,"是引导他们练成能处置未来,进而使自己成为更高尚的人的动力"。① 叶圣陶儿童本位的儿童文学观念,形成于对儿童长期的观察、熟悉、探索的工作环境及改变儿童教育

---

① 叶绍钧:《今日中国的小学教育》,刊于《新潮》,1919 年 1 卷 3 号。

与阅读状况的职业追求中,同时,深切的社会责任感,是赋予其儿童文学观念现实关照与功能化趋向的动因。此后,叶圣陶在儿童文学创作与儿童文学教育应用中,进一步发展与修正了儿童本位的观念。

"五四"运动以西方先进的生物学、社会学、人类学为理论资源,批判"天地君亲师""父为子纲"的旧道德、旧观念,聚焦于妇女与儿童问题,从落后的儿童教育现状中,倡导与呼唤改革儿童教育的重要性,在否定与批判中寻找新的价值,催化出全新的儿童观念。儿童的发现、儿童的解放反叛了腐朽的伦理纲常体系,进一步唤醒了国人的"人"的意识与自觉,体现了"五四"启蒙思想者对于生命本身、人生来源的思索。儿童的发现是对"五四"人的发现历史命题的深层次扩展,是确立人的发现历史命题的重要一环,儿童的发现与儿童文学的历史出场,在解放儿童的同时,潜在地与现代人学体系、新型社会体系的建构同声呼应,儿童也被认为建设未来新社会、新国家,承载新理想、新道德的最有希望的群体。

三、"五四"新文学:理论的倡导与中国现代儿童文学

中国现代儿童文学理论探讨早于现代儿童文学创作实践,儿童的发现,对儿童的关注自然会延伸到如何培养、保护与教育儿童身上,而儿童文学则被视为伴随儿童身心健康成长,满足他们身心发展与实际阅读需求的重要精神养料。儿童文学的理论探讨与创作实践伴随着新文学运动而展开,"五四"儿童文学理论的探讨涵盖了儿童文学本体论、儿童文学体裁论、儿童文学创作论、儿童

文学思潮论等各种理论问题。

"五四"运动前后主要的儿童文学研究文章及专著：

1. 周作人：《童话研究》，刊于《教育部编纂处月刊》，1913年8月；

2. 周作人：《儿歌之研究》，刊于《绍兴县教育会月刊》，1914年1月；

3. 周作人：《古童话释义》，刊于《绍兴县教育会月刊》，1914年7月；

4. 周作人：《儿童的文学》，刊于《新青年》，第8卷第4号；

5. 叶圣陶：《文艺谈》，刊于《晨报副刊》，1921年3月5日至6月25日；

6. 张梓生：《论童话》，刊于《妇女杂志》，第7卷第7号；

7. 严既澄：《儿童文学在儿童教育上之价值》，刊于《教育杂志》，第13卷11号；

8. 冯飞：《童话及神话传说与空想之关系》，刊于《妇女杂志》，第8卷7、8号；

9. 赵景深、周作人：《童话评论》，刊于《晨报副刊》，1922年4月；

10. 郭沫若：《儿童文学之管见》，刊于《民铎杂志》，1922年2卷4期；

11. 郑振铎：《儿童文学的教授法》，刊于《时事公报》，1922年8月10日至12日；

12. 魏寿镛、周侯予：《儿童文学概论》，商务印书馆，1923年9月版。

"童话"作为一个从日本引进的舶来词,在发生期中国儿童文学的语境中,其指涉与内涵等价于儿童文学。1913年,周作人就撰写了文章《童话研究》,这里的"童话"包括了传说、神话、民间故事等体裁的文学作品,①周作人利用文化人类学的理论资源,分析了童话与原人世说(saga)之间的关联,并认识到原人的原始世界观及万物有灵的思想与儿童思维特征上的相似性。他指出"童话者,幼稚时代之文学"。周作人还提出"中国童话"的概念,认为"中国童话自昔有之",在此期间,周作人尚未明确地将童话、神话、民间传说与故事相分离界说。早期周作人的童话研究较为清晰地界定了童话的文体特征与审美特点,②较为明确地区分了民间童话与作家童话(在文章中对应周作人提出的"民族童话"与"人为童话")的意义及分野。

现代童话的早期讨论并没有形成较为一致的说法,童话文体并没有明确清晰的概念及界定,叶圣陶曾经表示过"童话即是儿童小说"的观念,在徐如泰的《童话之研究》一文中,作者更是把神话、故事、寓言、传说、历史谈、时事谈等都归于童话文体。作为"五四"童话研究的重要

---

① 作者所提到的"依人类学法研究童话,其用在探讨民俗","童话之用,见于教育者,为能长养儿童之想象,日即繁富,感受之力亦益聪疾,使在后日能欣赏艺文,即以此为之始基"等童话概念、功能及价值的观点在当下看来依然具有很强的阐释功能。
② 在《童话略论》中,周作人进一步地阐释了"童话"的边界内涵及受众群体,指出"童话者,原人之文学,亦即儿童之文学","凡童话适用,以幼儿期为最"。同时,作者认为好的童话应具备"优美、新奇、单纯、匀齐"等特点。

带头人之一,赵景深先生曾在与周作人的通信中明确表示了"童话不是神怪小说,不是儿童小说",并在《研究童话的途径》一文中澄清了"民间的童话是原始的文学,文学的童话自然是文学的正宗"。① 可见,"五四"前后,虽然儿童文学与童话的理论探讨已并非新鲜之事,但对童话概念与类别的界分,童话的要素、功能及价值的阐发,还是存在诸多分歧与尚不成熟之处。而在鲁迅、周作人所翻译出版的《域外小说集》中,收录了淮尔特(王尔德)的《安乐王子》、安兑尔然(安徒生)《皇帝之新衣》(增订版)等作家作品,但《域外小说集》中的儿童文学作品更多地指向了文本背后的社会批判,译者对于儿童文学资源的选择、故事提取都带有功利意图,这些文本所折射的是对现世黑暗的揭露与讽刺,具有对民众进行思想启蒙的功能与意义,并不指向儿童的实际阅读。

周作人的儿童文学理论相较于"五四"时期其他的儿童文学探讨,具备更加成熟的理论形态与方法论支撑。在儿童文学理论的研究上,影响最为深远的,要属周作人1920年发表在《新青年》杂志上的文章《儿童的文学》,该文可以看作周作人《人的文学》文章的进一步拓展。在发现灵肉一体的人,呼唤书写"人生诸问题"的人的文学后,被遮蔽的儿童自然会成为"人的文学"的关注焦点。周作人认为儿童文学要"顺应满足儿童之本能的兴趣与趣味;

---

① 蒋风编:《中国儿童文学大系》,希望出版社,2009年版,第92页。

培养并指导那些趣味;唤起以前没有的新的兴趣与趣味"。① 儿童本位是周作人儿童文学思想的核心与基础,然而,周作人又看到了儿童在成长阶段的不同需求、不同层次与主体的能动性,在这篇文章中,周作人依据儿童年龄、心智的差别,划分指导儿童的文学阅读,把儿童分为"幼儿前期""幼儿后期""少年期"三个层次阶段,周作人依据不同的年龄、认知、心智水平与阅读能力,给儿童读者推荐不同的儿童文学体裁与品种。这样的划分可以看作当下时兴的"分级阅读",儿童文学三大层次理念的理论来源,是这些理论的最初雏形样态。周作人借助于西方的人类学、社会学、儿童学所发展生成的儿童文学理论,对儿童文学儿童性与文学性的探索研究,影响了新文学运动初期的儿童文学理论建设与儿童文学创作。

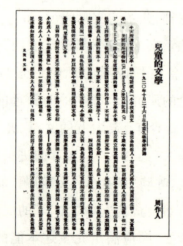

图4 刊发《新青年》8卷4号上的《儿童的文学》

---

① 周作人:《儿童的文学》,1920年10月26日在北平孔德学校的演讲,后刊于《新青年》,1920年第8卷第4期。

叶圣陶也是在儿童文学发生期较早地参与讨论的理论家,他的理论构想与周作人的儿童文学理论,在内容与实质上存在着交叠。但叶圣陶"儿童本位"的儿童文学理念来源于实际的教育教学观察与经验,最初所指向的是儿童读物的改造问题。叶圣陶青年时长期从事小学教育事业,与儿童一起学习、生活,比之"五四"时期的其他学者,具有更多与儿童生活的切身体验,叶圣陶儿童本位思想更加趋于经验总结与感性认识。值得注意的是,叶圣陶的儿童本位思想来源于实际经验但并不囿于自身经验,他看到了儿童生命成长中自我能动性的发挥,强调进一步发展儿童的天性、本能、兴趣对于提高儿童素质、能力,健全儿童生命成长的重要性。叶圣陶认识到儿童"对于文艺、文艺的灵魂——感情——极热望地要求",①并指出"古典主义的,传道统的,或是山林隐逸、叹老嗟贫的文艺品"②并不适合儿童的阅读,认为好的儿童文艺作品不仅能唤起"儿童的兴趣和想象",并且儿童在这样的文学熏陶下,儿童"能得到更高的创作力"。作为教师,"五四"时期叶圣陶将其儿童文学理想重点放在教育应用方面,用儿童文学来影响儿童的语言文字习得,并重视儿童文艺作品对情感与智力发展的影响,进一步挖掘了儿童文学的教育作用与价值,为发生期儿童文学的社会化推广

---

① 叶圣陶:《文艺谈》,《叶圣陶集》(第9卷),江苏教育出版社,2004年版,第14页。
② 叶圣陶:《文艺谈》,《叶圣陶集》(第9卷),江苏教育出版社,2004年版,第14页。

与教材课程应用作出了理论上的探索。

"五四"时期,叶圣陶从儿童教育与儿童读物的问题出发,吁求解放儿童、认识儿童。叶圣陶曾指出儿童的思维与原始人的神话思维模式相切近,这与"五四"时期流行的儿童思维复演说相似。神话思维的一个重要的特征,即认为自然与人产生于某种神秘的灵的力量,并认为万物皆有灵性,而叶圣陶在《文艺谈》中就明确指出了儿童的灵性思维方式,"儿童在幼年就沉醉于想象的世界,一事一物,都认为有内在的生命,与自己有紧密的关联,这就是一种宇宙观""儿童的心理似乎无不是纯任直觉的,他们视一切含有生命,所以常常与椅子谈话,与草木微笑"。[1] 儿童文学创作的第一步,就是要认识到儿童与成人的差别,儿童的思维特征是影响他们认识世界与阅读作品的基础,了解儿童的思维特征,也是围绕儿童为中心创作文艺作品的基础。叶圣陶倡导以丰富的情感与真诚的态度为儿童创作,看重儿童主体在审美移情过程中,文艺作品对于他们情感的关照与提升,注重儿童文学的教育意义。[2]

"五四"新文学运动的健将周作人、叶圣陶等对儿童

---

[1] 叶圣陶:《文艺谈》,《叶圣陶集》(第 9 卷),江苏教育出版社,2004 年版,第 17 页。

[2] 叶圣陶并不认为儿童文学对于儿童来说是万能良药,在《说话训练》这篇文章中,叶圣陶就指出了儿童文学对于儿童语言训练的某些缺陷。他认为:"儿童文学的材料,大部分是童话物语。这些固然与儿童的想象经验等等很相适应,但从训练说话这一点看,还不免有所欠缺。"叶圣陶:《说话训练》,刊于《教育杂志》,1924 年 16 卷 6 号。

文学的热衷及悉心研究,成就了"五四"时期儿童文学理论的壮观景象。"五四"儿童文学的理论探讨涵盖了童话、儿歌、寓言、小说、故事等主要体裁,涉及儿童文学观念论、体裁论、创作论等多种理论层次和类别,而儿童文学接受主体不同层次的划分、儿童文学审美特质的阐释、儿童文学教育应用的探索等理论的阐发,是当下儿童文学审美层次论、阅读分级论、教育应用等儿童文学理论资源的雏形架设,现在看来依然具有可借鉴的理论价值。

四、艰难的诞生:从成人本位的儿童书写到儿童本位的儿童文学

"五四"新文学运动时期,成人对于儿童的文学书写,分为两个类别,一是以成人为本位,带有儿童形象或童年回忆的文学叙事,此类创作在早期的散文、诗歌与问题小说中较为常见,并不能算真正自觉的儿童文学。二是有着较为明显儿童文学自觉,以儿童阅读接受为落脚点,书写儿童生活世界与精神世界,具有儿童化语言、情感的文学作品,这类作品随着对儿童文学的广泛讨论和"五四"新文学运动的深入而增多。有别于专门为儿童创作的儿童文学,现代文学中成人作家的儿童书写早于真正自觉的儿童文学创作。

1. 成人本位的儿童书写

儿童在早期的问题文学中较为常见,早期较为成功的白话小说,很多都从妇女与儿童形象入手,受到迫害的儿童,在苦难中挣扎、艰难生存的儿童给刚刚起步的白话

文学、特别是问题文学以强大的情感力量。这些儿童形象，是成人作家批判现实的愿望投射，是作家们改良社会的情感对应物。以儿童形象为中心的文学表达，也成为当时很多作家进行批判、诊疗社会的一种文学想象方式。但不能因为新文学特别是问题小说中有儿童形象，就将其认定为儿童文学。我们很难将鲁迅的《狂人日记》《明天》《药》、冰心的《最后的安息》《庄鸿的姊姊》、叶圣陶的《这也是一个人》、卢隐的《两个小学生》、王统照的《湖畔儿语》归于真正的儿童文学范畴，在这些小说中，作家寄希望于读者从夭亡或迫害的儿童生命里，看到封建礼教、腐朽社会对人的戕害，也试图从儿童的悲惨命运中，唤醒冷漠众生对个体生命及儿童命运的重视。如果不将带有儿童形象的成人文学作品，例如鲁迅的批判小说，冰心、王统照、卢隐等的问题小说包括在儿童文学范畴内，真正具有儿童化语言、情感的儿童文学要晚于以儿童形象承载社会问题的新文学初期"为人生"的小说创作。

新文学运动初期，文学创作从儿童身上寄予批判封建道统、否定现实的意图，是较为普遍的童年书写手法。成人文学中的儿童书写，具有突出的批判现实的倾向。鲁迅的《狂人日记》暴露与批判了几千年来封建社会吃人的事实，文中的儿童不仅受制于封建家长权威，更免不了生来被吃的噩运。"妹子是被大哥吃了，""大哥说爷娘生病，做儿子的须割下一片肉来，煮熟了请他吃，才算好人"。①人吃人,特别是年长的人吃年幼的人不仅有了伦理上的合法性,同时也是维系传统社会秩序运行的保障,吃人成了普遍的社会现象。在身体受控、命运被缚的矛盾中,作者有意用"人"的现代观念冲破"吃与被吃"的怪圈。"被吃"的儿童处于被动的地位,往往是沉默着的被安排的个体。《明天》中母亲单四嫂子求神许愿、开单吃药,穷尽办法却无法医治好自己的儿子宝儿,宝儿作为一个独立的生命体,本可以继续他刚刚萌芽的人生,却在受尽各种大仙、先生的无效诊疗后撒手人寰。用"人血馒头"来救救孩子,在鲁迅的小说《药》中华小栓被这样的救治折磨致死,而老栓与华大妈也无疑成为了黑暗世道无意识的帮凶,吃掉了自己的孩子却并没有意识到吃人的事实。在《祝福》中,祥林嫂的孩子阿毛与宝儿一样,这些与苦难的妇女维系在一起的儿童成为了她们的精神支柱,儿童身体的夭折同时宣判了母亲精神的死亡。从儿童身上看到腐朽的道统与残忍的现实对个人的残酷戕害,这些作品承载了鲁迅对封建沉疴与国民性问题的严肃批判。

问题文学②是"五四"时期常见的一种文学样式,集中于小说的创作中,借助于儿童形象进行社会批判是早期问题文学较为常见的创作模式。冰心发表在《晨报副刊》

---

① 鲁迅:《狂人日记》,《呐喊》,人民文学出版社,1973年版,第18页。
② "问题文学从各个角度反映了二十世纪一二十年代中国的社会生活,揭示渗透着'五四'人的解放的精神"。许志英、倪婷婷:《五·四:人的文学》,南京大学出版社,1992年版,第16页。

(1920年3月)上的《最后的安息》,来到乡下的惠姑帮童养媳翠儿洗衣服,教她认字,而当翠儿每次再见到惠姑,也觉得"如同有一线灵光,冲开了她心中的黑暗"。但脆弱的情感并没有照亮无边的黑暗,对爱与曙光的向往很快被黑夜吞噬殆尽,这位女童在生命弥留之际,对惠姑说:"姑娘……这些字我……我都认……"字虽然是光明与新生的象征,可苦难的儿童却无力冲破无形的束缚,用正当的方式去获得它,脆弱的希望总是夭亡于萌芽,生命的早夭成为了最终的结局。发表在《新潮》1卷3号的叶圣陶小说《这也是一个人》中,作为封建包办婚姻的"殉难者"少年女主人公伊,虽然是自然的生命体,却如同牲口一样被父家与夫家轮番欺凌。在丈夫死后,伊的父亲、公公、婆婆对待她的方式是"伊是一头牛,如今用不着了,便该卖掉。把伊的身价充伊丈夫的殓费,便是伊最后的义务"。① 用儿童呈现非人礼教道统的罪恶,问题文学进一步承接了"五四"启蒙话语,在揭露与批判腐朽的封建体制思想,呈现尖锐的社会问题上,具有突出的代表性。以儿童为主要书写对象的问题小说依附于成人文学话语,在叙事策略、小说结构上多有类型化的特征。新文学作家的儿童书写,有着在儿童身上寻求批判封建道统、改造社会、警醒民众的文学诉求。

儿童书写以成人为本位,基于现实需要,强调文学的社会功能意义。"五四"时期真正以儿童为本位的自觉的

---

① 叶圣陶:《这也是一个人》,《叶圣陶集》(小说一),江苏教育出版社,2004年版,第104页。

儿童文学创作要晚于成人的儿童书写,自觉的儿童文学跳脱了以成人视角、成人话语代替儿童视角、儿童话语的书写模式,以儿童的心理特征与阅读接受为落脚点。但在具体的创作过程中,以儿童为本位的儿童文学,并没有取得质与量上的巨大成功,这与最初从事儿童文学创作的现代作家大多皆为成人且缺乏儿童经验,以及动荡的社会时局不能给予他们一个天真自然的想象空间等因素不无关联。

2. "儿童本位"儿童文学的创作尝试与书写困境

真正从儿童出发,展示儿童内在世界或生活世界的儿童文学最初在一些较为优秀的儿童诗歌中呈现。晚清时期,黄遵宪、李叔同、沈心工、曾志忞等曾在学堂乐歌运动中创作了大量适合儿童听赏的儿童歌谣。"五四"之后,《儿童世界》杂志发表的儿童诗如顾颉刚的《吃果果》(排排坐/吃果果/爹爹转来割耳朵/称称看/二斤半/烧烧看/两大碗)①、俞平伯的《儿歌》、严既澄的《早晨》(鸡呵鸡!请你早些啼/唤醒小弟弟/同看月儿落到西/月儿落到西,太阳东边起/鸦也啼,雀也啼/啼醒小蝴蝶/黄黄白白一齐飞)②、胡怀琛的《大人国》与《小人国》等儿童诗都选取了儿童所亲近或熟悉的意象,表现了儿童柔润的情感,展现了天真、快乐的儿童情趣。

1920年,歌谣研究会成立,1922年,《歌谣》周刊出版,在这本杂志上,刊发过大量的儿童歌谣。值得注意的是,

---

① 顾颉刚:《吃果果》,刊于《儿童世界》,1922年1卷11期。
② 严既澄:《早晨》,刊于《儿童世界》,1922年3卷2期。

相较于问题小说中对于儿童形象悲剧力量的挖掘,中国现代儿童歌谣、儿童诗从发生期起,就具备明显的儿童趣味与儿童情调。这些韵文体式的儿童文学很多都是从民间搜集而来,口语化的表达、浅近的文字、和谐的韵律,更经过长时间幼儿的亲身听赏与检验,自然较为接近真实的儿童生活,适合儿童接受,从儿歌本身能窥民间风化与传统习俗。例如《风奶奶》(风奶奶/送风来/俺家孩子好凉快)[1]、《小耗子》(小耗子,上缸沿/拿小瓢,舀白面/烙白饼,卷瓜菜/不吃不吃吃两筷)[2]、《月亮光光》(月亮光光/打开城门洗衣裳/衣裳洗得白白净/明天好去看姑娘)。[3] 作家的韵文体儿童文学创作也有艺术性与儿童性上皆为成功的作品,叶圣陶、俞平伯的儿童诗都是其中较为成功与典型的案例。

相较于发生期韵文体儿童文学的采集与创作盛况,在童话体裁上,直到叶圣陶创作作品的出现,现代中国才有了连续性且自成风格的原创童话。第一阶段的叶圣陶童话创作皆发表在《儿童世界》杂志上,他的童话在语言形式、审美形态、表现方式、技术技巧等各个方面都具备较为成熟的现代童话范型,具有明显的儿童文学自觉,难

---

[1] 《风奶奶》,刊于《歌谣》,1923年6月1卷21号。
[2] 《小耗子》,刊于《歌谣》,1923年5月1卷18号。
[3] 《月亮光光》,刊于《歌谣》,1923年12月1卷37号。

能可贵地抚慰了刚刚发现的幼小童心。① 短篇童话如《小白船》借助于天真无忧的男孩女孩之口,表达了儿童纯洁而又真挚的情感,营造了一个儿童式的纯净王国。这里拒斥着成人的进入,这里是童稚的语言、单纯的思想、清洁的空间之所在,儿童用自己的声音昭示着自我的存在及力量,"因为我们纯洁,只有小白船才配让我们乘"。《小白船》中的时空是与外界成人世界的时空、秩序截然对立的,在书写儿童本位的儿童文学时,叶圣陶也潜在地在文本中溶注了启蒙的话语与精神。单纯而洁净的儿童形象在叶圣陶早期的儿童小说中较为常见,在其短篇小说《一课》《阿菊》中都有所展现,早期叶圣陶儿童本位的文学创作注重用儿童自己的语言、声音、动作、情态去完成对儿童形象的展示,昭告自身生命体的存在。叶圣陶童话在一开始便呈现出童心色彩与现实风格双峰对峙的审美景观,但如《小白船》《伊和他》等沿着爱与美的路线创作的作品不久就在叶圣陶的笔下逐渐消失。真实的人生、悲剧的社会很快粉碎了叶圣陶的诗意想象,于现实中警醒,早期儿童文学作家们试图用文字,给儿童建构一个真实的成人世界。叶圣陶所代表的中国现代第一批儿童文学作家,在发现儿童的短暂惊喜中,很快把视野再次拉回到了腐朽、丑恶、黑暗的现实社会,从《稻草人》开始,儿

---

① 顾彬认为"叶圣陶和鲁迅,也和冰心一样有着共同的儿童的眼光,这种能力不仅使他们能够观察儿童,将之化为文学素材,而且还能够从儿童的眼光去唤醒过去,看到未来"。[德]顾彬:《二十世纪中国文学史》,华东师范大学出版社,2008年版,第67页。

童文学越来越成为负载社会批判、表现悲苦人生的文类形式。儿童在儿童文学中成为沉默的他者与被表述的对象，以儿童为本位的自觉的儿童文学再次受制于成人文学的话语模式。

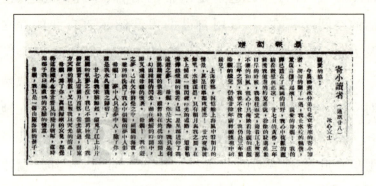

图5　刊发在《晨报副刊》的冰心通讯《寄小读者》

"五四"时期，现代儿童文学与现代文学的思潮、体制、话语紧密相连，早期中国现代儿童文学的建设者也多为新文学运动中卓有建树的作家。现代中国，混乱的社会时局不可能给予创作者浪漫轻盈的儿童乐土，发生期现代儿童文学的创作很难自觉地接受早期的儿童文学理论指引，理论与创作品貌之间存在着较大的疏离与错位。谢晓虹在其论文《五四的童话观念和读者对象——以鲁迅的童话译介为例》中谈道："当儿童作为一个与成人截然不同的观念被区隔出来，并被抽象为某些成人世界所失落的特质，童话也被视为负载了黑暗世界以外的童心力量，为知识分子提供了一个相对现实的想象空间，并与当时流行的启蒙话语，个人与国家的进化想象有着更为复杂的纠葛关系。"①儿童文学也承载着更为突出的现实问题,自觉融入宏大的民族国家话题上来(本文第四章将就此论述)。现代儿童文学的发展之路受制于现代文学的发展之路,现实主义的写作潮流也使得主流的儿童文学文本品貌深沉。

叶圣陶的童话集《稻草人》和冰心的散文《寄小读者》是现代儿童文学里具有程碑意义的作品,而其成人话语模式与儿童读者接受之间的错位也曾被一再地被讨论。②冰心的散文《寄小读者》最初连载于《晨报副刊》,冰心在《寄小读者》中,想象了一个消除等级差别的平等对话的接受主体:小读者。在寄给小读者的信件中,主要是作者主体对留学生活、童年记忆、祖国怀想、母爱温情、疾病苦痛的单方面叙说,童心与母爱可以看作作者逃遁现实困苦的一个诗意栖居地。在信件中,想象中大洋彼岸的儿童在与自己对话的过程中,已成为疏泄作者思乡愁苦、疾病困扰、孤独寂寞的一种有效疗诊方式。《寄小读者》内容融合了古代清新雅致的诗意传统与现代简洁洗练的白话表达,具有一定的陌生化的效果。风格既不同于冰心以往问题小说对社会沉疴的严肃审视与深度批判,也异

---

① 谢晓虹:《五四的童话观念和读者对象——以鲁迅的童话译介为例》,徐兰君、[美]安德鲁·琼斯主编:《儿童的发现:现代中国文学及文化中的儿童问题》,北京大学出版社,2011年版,第151页。
② 朱自强在《中国儿童文学与现代化进程》中曾经指出:"以叶圣陶为代表的具有中国主体性的儿童文学创作与以周作人为代表的西方式的'儿童本位'的儿童文学理论之间的错位,便成了一个不可躲避的命运。"同时参看王泉根《现代儿童文学的先驱》中关于儿童文学创作现实主义转向的相关论述。

于其他同时代作家笔下所展现出的对民族国家命运的高度关注,力图在童年经验与对童年王国的回忆中去寻找慰藉,抚慰心灵。总之,以冰心、丰子恺等为代表的作家,在书写儿童的同时,其实也完成了逃遁现实、回归本真、表现自我的文学叙事。

"五四"运动,是新文化运动、新文学运动、中国现代儿童文学的共同起点,它们之间互为联系、影响、呼应。在启蒙思潮烛照下,一直属于受动地位的儿童的身体、情感被察觉,处于边缘的儿童开始逐渐被讨论。区别于晚清思想者对少年儿童变革社会历史的深切诉求,"五四"时期对于儿童的讨论首先在于解放儿童,肯定其自身价值,尊重其主体权利,而儿童文学作为亲近、感染、教化儿童群体的文学营养料,才会被逐渐地重视起来。"五四"时期,儿童的发现与儿童文学的讨论具有明显的启蒙现代性的特质与意义,这一时期,儿童文学从理论、创作到编辑出版,逐步地完成了它在发生期的成长历程,在启蒙先驱发现个体与他人,继而发现儿童、影响儿童的时候,以坚定的立场清除传播封建礼教的文言读物,着手为儿童建设真正属于他们而又能影响他们的儿童文学作品,就成为现实的必然。"只有成人相信儿童在某些方面与成人不一样,需要一种属于他们自己的文学,儿童文学才能够存在"。① "五四"儿童文学的创作实绩与理论倡导之间有着一定的交互,同时也存在着较大的疏离与脱节,中

---

① [加]佩里·诺得曼、[加]梅维丝·雷默著,陈中美译:《儿童文学的乐趣》,少年儿童出版社,2008年版,第125页。

国现代儿童文学发生之路的曲折与艰难,它所体现的不只是对儿童乐园的想象,更是对历史、社会、人生的深切关注。

"五四"时期,儿童成为历史社会、文化教育等各个方面的关注对象,从情感对应物到命运共同体,新文学作家们以现实为依托,将儿童作为批判封建道统、揭露社会沉疴的对象,寻求改造社会、警醒民众的文学功能;或从儿童的身心特质出发,实验性地创作适宜于他们听说能力、思维特征的儿童文学;抑或把爱与泪传达给儿童读者,告诉儿童一个真实的现实世界,在文学中表达社会革新与新人的诉求,不同的创作模式成就了现代文学独特的儿童书写与儿童文学书写现象。从保护儿童、给儿童输送属于他们的文学养料到感染儿童、影响他们的文学实际阅读,唤起儿童对国家社会的情感、民族危亡的意识,儿童文学发生期的文学创作一出场,便已告别了文学的非功利性,而以现实为依托依附于主流成人文学话语与创作模式的儿童文学,在"五四"之后逐渐成为了主流的儿童文学,它与儿童本位的儿童文学共同构成了中国现代儿童文学的创作景观。

第二节　报刊出版与中国现代儿童文学　　　创作的兴起[①]

报刊参与建构着新文学的内容与形式,规定着新文

[①] 本节系作者主持的江西省社会科学规划青年博士基金项目"《儿童世界》与中国现代儿童文学(1922—1941)"(项目号:17BJ25)阶段性成果。

学的传播方式,影响与培育了新文学作家群体的形成,并进一步推动了白话文学,为人生的文学等理念与创作的成型。"五四"白话文学报纸出版行业的井喷势头,在早期的白话文学史论著作中就有提及。胡适在《五十年来中国之文学》中提到:"这时代,各地的学生团体忽然发生了许多小报纸,形式略仿每周评论,内容全用白话,此外又出现了许多白话的新杂志。有人估计,这一年(一九一九)之中,至少出了四百种白话报。"①王哲甫的《中国新文学运动史》中,也有过这样的描述:"自'五四'运动以后,出版物的数量有惊人的增加率……'五四'运动以后,新成立的书局,与日俱增,新出版的书籍杂志,真可谓是充斥市面了。"②中国现代儿童文学概念的确立,儿童文学创作的发生,儿童文学作家群与读者群的培育及编读间交流与对话空间的建立,都与报刊出版密切相关。报刊为进步的儿童文学思想的传播、优秀的儿童文学作品的推广起到了助力作用。戈公振曾在《中国报学史》中说:"一国学术之盛衰,可于其杂志多寡而知之。"③

中国现代儿童文学随着主流报刊对儿童文学的倚重,开始登上了历史舞台,现代儿童文学借助"五四"时期的重要报刊及出版物,第一次有了密集、集中的展现。叶圣陶早期创作的23篇童话中,有21篇刊登于商务印书馆

---

① 胡适:《五十年来中国之文学》,《胡适文存》(第二集第二卷),外文出版社,2013年版,第89页。
② 王哲甫:《中国新文学运动史》,上海书店,1986年版,第54~71页。
③ 戈公振:《中国报学史》,湖南大学出版社,2014年版,第163页。

出版的《儿童世界》杂志,其他作家的儿童文学作品大多发表在文学研究会旗下的报刊上。"五四"时期刊登在报刊上的儿童文学作品已经涵盖了现代儿童文学的各种体裁与类型,相比晚清及民初的儿童报刊资源,"五四"时期的白话儿童文学创作在内容、形式及艺术手法上较为成熟。

一、《新青年》:儿童文学的初步探索

《新青年》杂志对于中国现代儿童文学的发生有着重要影响,体现在三个方面:

第一,《新青年》最早对儿童问题进行探讨,最著名的要数鲁迅(署名唐俟)的文章《我们现在如何做父亲》。妇女与儿童问题的讨论,旨在打破数千年来制约妇女儿童身心发展的纲常伦理观念,建立全新的以儿童为本位的儿童观,一直属于附属、被支配地位的妇女儿童得到了新文化活动者的高度关注。

第二,《新青年》较早地刊发了儿童文学的理论与白话创作文章,周作人关于儿童文学的理论文章《儿童的文学》就发表在此刊。同时,《新青年》杂志还发表过早期的白话文儿童文学创作如儿童诗、童话、带有儿童形象的小说等。发表在《新青年》上的儿童诗,多从早期白话诗人如胡适、周作人等的短诗创作中分离出来,具有一定的儿童情趣。《新青年》刊登的早期白话诗歌中出现过不少儿童,较为成功地展示了儿童的自然生活情境,有明显的儿童趣味。儿童是白话新诗中出现较多的形象,作者对儿

童的书写与关注,不只是希求展现被压抑的儿童个体的生活与精神情状,儿童化的语言、儿童化的视角,儿童化单纯的情感,更加适合刚刚盛行的白话文创作实验,白话文的语体形式、遣词造句的方法与儿童的口语表达有着更为密切的联系。1920年,《新青年》杂志发表了女作家陈衡哲的科学童话《小雨点》,作者以童话的形式,借助于儿童的口吻,讲述了雨点的形成与循环过程,紧扣了"五四"时期的科学思潮。作者运用了多种童话创作技法,颇费心思地塑造了如小雨点、河伯伯、海公公、青莲花等各种童话形象,着重设计了小雨点归家的障碍、大团圆的结局和尚存余味开放式的收尾,使得文本品质较为成熟,是优秀的儿童科普作品。

《儿歌》①

小孩儿,
你为什么要哭?
你要泥人儿么?
你要布老虎么?

也不要泥人儿,
也不要布老虎,
对面杨柳树上的三只黑老鸹,
哇儿哇儿的飞去了。

---

① 周作人:《儿歌》,刊于《新青年》,1920年8卷4号。

《儿啼》①
儿望着月亮，
向着他讲话，
似说要爱他，
并叫他下来玩耍。
……

哭了许久才断断续续的说：
"月亮…给鼠子…吃了。"
旁人个个笑他幼稚的心理，
百般的譬喻安慰
……

第三，在译介国外的儿童文学作品上，《新青年》杂志也做过颇多努力，曾经发表过爱罗先珂、梭罗古勃、托尔斯泰、安徒生等作者的童话作品，用白话作译文，虽然这些童话大多用幻想的形式呈现社会问题，但其中的一些译作在翻译的时候，已经很注重文字的简洁与读者的接受。

二、郑振铎、叶圣陶与《儿童世界》杂志

1.《儿童世界》：为儿童的文学杂志

1922年1月7日由上海商务印书馆出版发行的《儿童世界》，是现代中国最早的以刊登儿童文学作品为主的

---

① 徐景元：《儿啼》，刊于《新青年》，1921年9卷2号。

综合类白话文儿童期刊。《儿童世界》挖掘培养了第一批专业从事儿童文学创作的作者,杂志第一卷至第五卷第一期由郑振铎担任主编,后由徐应昶先生接替主编一职,继续编辑此刊。在创刊初期,《儿童世界》刊登的原创作品以儿童诗、童话为主,也兼顾改编、重述的国内外神话传说、童话、寓言、图画故事等作品。郑振铎曾在《儿童世界》杂志《第三卷的本志》中说:"我们深觉得我们的工作,绝不该'迎合'儿童的劣等嗜好,与一般家庭的旧习惯,而应当本着我们的理想,种下新的形象,新的儿童生活的种子,在儿童乃至儿童父母的心理。"[①]《儿童世界》学习国外同类儿童刊物,采用进步的编辑思想,一改晚清与民初儿童刊物的成人化、文言化趋向,同时弥补了国内白话文儿童文学读物的缺口与不足。《儿童世界》杂志作为商务印书馆连续发行二十年的品牌杂志,与著名的《东方杂志》《教育杂志》等同为商务印书馆十大期刊。[②] 中国现代儿童文学的重要作家大多都在《儿童世界》杂志上发表过儿童文艺作品,叶圣陶、陈伯吹、贺宜的童话处女作都发表在此刊。[③]

[①] 郑振铎:《郑振铎全集》(第十三卷),花山文艺出版社,1998年版,第153页。

[②] 参看《儿童世界》(第二十七卷第二十二期、二十五期,第二十八卷第二十期等)杂志内"商务印书馆发行十大杂志"整版宣传广告。

[③] 包括郑振铎、叶圣陶、许地山、赵光荣、胡天月、赵景深、耿济之、胡怀琛、周建人、王统照、严既澄、徐应昶、沈志坚、谢六逸、吴研因、彭家煌、高君箴、汪仁侯、费孝通、陈伯吹、胡寄尘、废名、魏以新、顾缉明、贺宜、董纯才等作家、思想家、教育家、编辑家、社会活动家专门为儿童创作的文艺作品时常见于杂志。

图 6 《儿童世界》杂志一卷一期封面及目录

主编郑振铎曾在《儿童世界·宣言》中说:"以前的儿童教育是注入式教育,只要把种种的死知识、死教训装入他头脑里,就以为满足了……儿童自动阅读的读物,实在极少,我们出版这个《儿童世界》,宗旨就在于弥补这个缺憾。"①《儿童世界》杂志以儿童为中心,将"五四"以来儿童文学的理论倡导引向了具体的白话文儿童文学创作、编译实践,它所体现的发生期中国儿童文学进步的儿童观、儿童文学观延续与发展了"五四"以来文学改良者、儿童文学建设者所倡导的儿童本位的儿童观、儿童文学观,《儿童世界》杂志也为真正的儿童读者刊发过大量适切于他们阅读需要的儿童文学作品。在将近二十年的出版历程中,《儿童世界》刊登过的国内外优秀儿童文学作品不

---

① 郑振铎:《郑振铎全集》(第十三卷),花山文艺出版社,1998年版,第153页。

胜枚举,格林童话、安徒生童话、王尔德童话、小川未明童话、爱罗先珂童话、希腊神话、北欧神话、伊索寓言、拉封丹寓言、托尔斯泰寓言、中国神话故事、中国各地童谣、中国民间故事、《一千零一夜》《列那狐传奇》《彼得潘》《金河王》《雾都孤儿》《爱丽斯梦游奇境记》《青鸟》《汤姆叔叔的小屋》等国内外优秀儿童文学作品都曾被编译、重述在《儿童世界》上。

《儿童世界》杂志探索性地尝试各种现代儿童文学体裁,最早明确地将寓言作为儿童文学的文体。杂志所刊登的郑振铎先生编写的图画故事《两个小猴子的冒险记》《河马幼稚园》等,已经有了图画叙事的自觉,在杂志的发展历程中,刊登适合儿童赏读的图画故事几乎贯穿了杂志将近二十年的出版时光,这些图画故事画面精美、细致、丰富,有些图画故事,通过读图已经可以知道完整的故事发展脉络、情节及结局,具有一定的现代意义上图画书的范型,可以看作现代图画书的雏形。在后期(如1929年23卷4期)的杂志上,经常在栏目中出现这样的提示:"一篇讲给幼稚生及低年级小学生听的故事",是现代儿童文学分级阅读观念的先行实践者。《儿童世界》杂志还推出过不少的"微童话",与传统的童话不同,这些童话作品字数大都在一两百字左右,但结构稳固、情节紧凑,有头有尾,充满想象力,彰显出作者对童话这一文体的驾驭能力。《儿童世界》对早期中国原创白话文儿童文学语言、形式、体裁、题材的探索与尝试,对国内外著名儿童文学作品的文学化、儿童化的改编与重述,以及它所延续与发展的"儿童本位"的"五四"儿童文学传统,使得杂志成为了"五四"以来儿童文学建设最为重要的实践阵地。

2.《儿童世界》与叶圣陶的原创童话

图7 刊发于《儿童世界》1卷9期的叶圣陶童话《小白船》

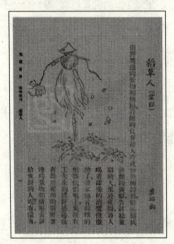

图8 刊发于《儿童世界》5卷1期的叶圣陶童话《稻草人》

从1921年11月15日创作第一篇童话《小白船》,到1922年6月7日创作童话《稻草人》为止,在半年多的时间内,叶圣陶总共创作23篇文学童话,其中的21篇发表在《儿童世界》杂志上。作为文学研究会的丛书之一，1923年，童话集《稻草人》由商务印书馆出版。叶圣陶创作童话的直接原因是郑振铎主编《儿童世界》杂志时期向叶圣陶的杂志约稿，毋庸置疑，叶圣陶的童话作品也是当时《儿童世界》刊登的创作类童话中最为成熟且最具思想性的作品。在叶至善的长篇回忆散文《父亲长长的一生》中，曾有这样的记录："郑振铎先生在商务创办的《儿童世界》是周刊，催稿很急。我父亲出手快，常常一天就是一篇。"①没有郑振铎及其编辑的《儿童世界》杂志，叶圣陶就不会有专门的、延续性的童话创作。叶圣陶暮年为《郑振铎文集》所撰写的序言中，也曾谈道："文学研究会的成立，可以说主要是郑振铎兄的功绩。我参加文学研究会，为发起人之一，完全是受他的鼓动……我受了振铎兄的鼓励和催迫，写了不少童话。"②在叶圣陶、叶至善的回忆中，郑振铎的儿童文学邀约都是一个"催"字，可见当时郑振铎对于优秀原创儿童文学稿件的迫切期待。《儿童世界》是中国现代文学史上第一本定位于儿童文艺类的专门周刊，其编辑与供稿人员主要都是文学研究会成员，郑振铎作为刊物第一年的主编，也是周刊的主要撰稿者之一，其工作压力与强度可见一斑。早期刊登在《儿童世界》杂志上的儿童文艺作品，以改写、译述西方的儿童故事、童话、寓言居多，中国本土的原创儿童文学作品以儿

---

① 叶至善：《父亲长长的一生》，江苏教育出版社，2004年版，第63页。
② 叶圣陶：《〈郑振铎文集序〉》，《叶圣陶集》（第7卷），江苏教育出版社，2004年版，第293～294页。

歌和儿童诗为主。叶圣陶童话的刊发，改变了《儿童世界》杂志倚赖、借鉴西方文学作品的面貌，并发展了本土童话创作在艺术手法、内容思想、审美品质上的多种可能性。

作为叶圣陶童话创作伯乐的郑振铎，其主编的《儿童世界》杂志延续了"五四"以来解放儿童，以儿童为本位的先进儿童观与儿童文学理念，也对叶圣陶现实风格的童话作品备加推崇，认为童话集《稻草人》不论在语言策略、叙述方式，还是在人物刻画、思想蕴藉上都注意到了儿童的实际接受，在艺术上取得了成功。郑振铎在《〈稻草人〉序》中不仅肯定了叶圣陶对于"成人的悲哀"与"惨切的失望"的呼号。同时也指出"在艺术上，我们可以公认叶圣陶是现在中国二三个最成功者当中的一个"。[①] 总之，以童话为首的叶圣陶儿童文学创作文本的生成，得益于文学研究会旗下的报刊对于儿童文学版面、内容的倾斜。《儿童世界》的诞生，促使叶圣陶加快了儿童文学的创作脚步。主编郑振铎的直接约稿，促成了叶圣陶具有风格的连续性童话创作的问世。

3.《儿童世界》与儿童读者的文学创作

《儿童世界》杂志开设"通讯""问答"等栏目，刊登包括小读者的来信来稿，建立起刊物与读者、作者与读者、读者与读者之间良好的对话与交流平台。从《儿童世界》畅销的程度与不断改版、扩充规模的事实中，我们也能看

---

① 郑振铎：《〈稻草人〉序》，《郑振铎全集》（第十三卷），花山文艺出版社，1998年版，第214页。

到儿童文学刊物在当时的儿童读者中所产生的巨大影响。周作人曾在《儿童的书》这篇文章中写道:"我的一个男孩,从第一号起阅看《儿童世界》和《小朋友》,不曾间断。"①鲁迅也曾在《二十四孝图》中写道:"每看见小学生欢天喜地地看着一本粗细的《儿童世界》之类……但回忆起我和我的同窗小友的童年,却不能不以为他幸福。"②王哲甫先生曾经在《中国新文学运动史料》中提到"在杂志方面,以商务印书馆出版的《儿童世界》及中华书局出版的《小朋友》最为通行,几乎每个小孩子都知道这两种杂志"。③

图9 刊发在《儿童世界》杂志上各类创作募集的通知

专门的儿童期刊的诞生,以及各家出版机构对儿童

---

① 周作人:《儿童的书》,《周作人论儿童文学》,海豚出版社,2011年版,第167页。

② 鲁迅:《二十四孝图》,《鲁迅论儿童文学》,海豚出版社,2013年版,第271页。

③ 王哲甫:《中国新文学运动史》,上海书店,1986年版,第71页。

读物的出版与推广,哺育了现代儿童文学的第一批读者。德国接受美学理论创始人姚斯曾说:"文学史是一个审美接受和审美生产的过程。审美生产是文学文本在接受者、反思性批评家和连续性生产性作者各部分中的实现。"①值得注意的是,这些读者对于中国现代儿童文学的贡献并不是被动地阅读与接受,这些儿童读者的文学创作几乎与现代作家的儿童文学创作同时呈现在儿童文学类刊物上。《儿童世界》创办初期,在主编郑振铎的一再要求下,儿童读者的文学创作也作为杂志的一个主要栏目得到积极的展示,在重视创作主体新颖性的同时,也为成人的儿童文学创作提供了必要而真实的儿童经验。郑振铎曾在杂志中呼吁:"我们除欢迎学校教师的稿件外,对于儿童自己的创作,尤为热忱地承受……唯必须出于儿童自己的心手。"②在第二卷第一期的《儿童世界》上,刊发了儿童创作的诗歌《雪》,此后,《儿童世界》杂志都开辟专门的"儿童创作"或"儿童投稿"版面发表儿童读者创作的各类文学作品。

---

① [联邦德国]H·R·姚斯、[美]R·C·霍拉勃编著,周宁、金元浦译:《接受美学与接受理论》,辽宁人民出版社,1987年版,第26页。
② 郑振铎:《儿童创作底募集》,刊于《儿童世界》,1卷1期。

郑振铎担任主编时《儿童世界》(1—4卷本,5卷第一期)刊载儿童作者创作的文学作品数量

体裁/数量/卷本	第二卷本(1—13期)	第三卷本(1—13期)	第四卷本(1—13期)	新年特刊
诗	12	35	13	7
儿歌	6	3	7	2
童话	7	7	10	
小说	5	4	3	1
自由画	12	22	9	6
杂文	1		1	
文字游戏	1			
戏剧		3	2	
故事		10	7	1
笑话		2	3	
散文			2	
其他		2	1	1
合计	44	88	58	18

儿童创作:《雪》

作者:陈定板/9岁

(《儿童世界》2卷1期)

雪呀! 雪呀

你洁白的可爱

真正可爱

妹妹说你是米粉

弟弟说你是白糖

　　我对他们说到

　　米粉是像米粉

　　但是不能充饥

　　白糖是像白糖

　　但是它没有甜味

儿童创作:《我亲爱的小弟弟》

　　　　作者：王钟悫

（《儿童世界》3卷12期）

　　老雄鸡呀

　　你不要啼

　　老黄犬啊

　　你不要吠

　　因为我的小弟弟

　　睡的正甜蜜哩

儿童创作:《乞丐》

　　　　作者：李政国

（《儿童世界》3卷2期）

　　花花花　一阵阵的雨声

道路上的人　都急忙奔赴家乡

只剩那穷没有着落的人　还站在街上

普通的市民　都是怕遭风雨

我们做学生的　也一个个呆坐课堂

人人都得安稳　哪知道街上的凄凉

>爷爷呀　这是什么声音
>
>可怜的乞丐穿着破碎的衣裳
>
>他穿街过巷
>
>手里拿着破坏瓦盆　两眼又不住的四面瞧望
>
>爷爷呀　这原来是讨饭的声腔
>
>……

综观《儿童世界》募集到的儿童读者的创作作品，各种题材、体裁都有涉及，不仅有诗歌、童话、小说、故事、剧本等文学体裁，还有儿童自己绘制的手工自由画、儿童自己创编的文字游戏等其他类型作品。这些作品相较于成人创作的文学作品，篇幅更加短小，语言较为稚嫩，结构也比较单一，口头化表达偏多。从题材范围来看，有改编自民间的童谣儿歌如《不完全的家庭》（二卷二期）、《读书》（二卷三期）、《小弟弟的催眠歌》（二卷三期）；有表现自然景物的儿童诗《雪》（二卷一期）、《雪人》（二卷二期）、《荷花》（三卷十期第二次征文）、《雨》（四卷十期）；有描写动物的儿童诗如《猫》（二卷三期）、《蜜蜂歌》（二卷九期）《蝴蝶》、《燕子》（二卷十期）、《小鸡》（二卷十一期）、《白鸽》（三卷七期）；有动物类童话如《狮、虎和狗》（二卷三期）、《狐狸探险记》（二卷八期）、《狮子与蚊虫》（三卷一期）、《小口琴》（三卷二期）、《蜘蛛上当》、《不幸的鹦鹉》（四卷一期）、《猎人和狐狸》（四卷二期）；有自我创作或加工的、具有本土特色的童话如《仙桃》（二卷十期）、《聪明的农夫》（三卷九期）；有改编自中国古代传说或民间故事的童话作品如《东方朔偷蟠桃的故事》(三卷十一期)、《渔人和罗鬼》(四卷二期);也有仿制或改编自国外故事的童话作品如《魔瓶》(二卷六期)、《我现在已经大胜了》(三卷七期)等。除上述作品外,来稿中的很大一部分儿童创作都表现了儿童对自我与周围生活的细致观察,这些作品反映了真挚的儿童情感与儿童心理,表现了最真实的儿童生活情状。这些作品中有表达亲情的诗歌如《母亲》(三卷四期第一次征文)、《我亲爱的小弟弟》(三卷十二期);有依据日常经历、童年经验创作的作品如《上学》(诗歌,三卷十二期)、《乘凉》(散文,四卷三期)、《放学》(诗歌,四卷六期)、《牧羊的童子》(诗歌,二卷九期)、《两个小兄弟》(小说,二卷九期)、《一个聪明的孩子》(小说,二卷十一期)、《懒学生》(诗歌,二卷十三期)、《我的学校》(三卷四期第一次征文);也有充分展现儿童想象力、具备一定艺术水准的童话如《田螺壳小孩子》(三卷六期)、《绿宝石》(四卷七期)。此外,《儿童世界》杂志刊登的儿童自己创作的,反映儿童现实生活,适合儿童自己表演的剧本也有很多,如《唱山歌》(三卷一期)、《寄信》(三卷五期)、《骑竹马》(三卷十一期)、《父亲的儿子》(四卷五期)。更难能可贵的是,有些儿童创作的作品,已经具备敏锐的社会观察能力与批判现实的属性,这其中就有《乞丐》(诗歌,三卷二期),一些还具备突出的讽刺意味,如《告状》(剧本,三卷六期)。

儿童在传统社会中作为被统治者,他们的权利一直被成人掌控,"五四"时期人的解放带来了儿童解放,整个社会都在重新考察、认识儿童,而在《儿童世界》上大量刊载的儿童读者的文学创作,反映了当时社会儿童真实的内心与情感世界,在呈现儿童视角、儿童眼光和最本真的儿童生活之时,也给当时萌芽期的儿童文学创作提供了新鲜而又及时的儿童经验。重视创作主体的新颖性,发表儿童自己创作的文学作品,通过儿童读者的文学创作,我们能进一步考察新型教育体制改革,白话文改革,新文化运动对"五四"以来中国现代儿童精神成长的影响:被儿童文学滋养的少年儿童读者对于自我与社会的感知与认识,被新型儿童观、儿童文学观催发的新一代中国儿童读者,他们的儿童意识走向苏醒,他们拿起笔头,开始用文字表达自我、表现生活,通过文字诉说内心情感,对公共事务、社会现象发表自己的见解、议论。在儿童文学理论著作《理解儿童文学》中,就有国外学者指出:"儿童其实创作了很多文学作品,口头的和书面的,包括自己独立完成的,或是通过别人的协助,而且形式也很多元,韵文、笑话、歌谣、咒语、长篇故事、剧本、故事等等。"①叶圣陶一直以来重视儿童对于儿童文学的接受及反馈,同时认为儿童文学应该培养儿童的文艺素养与写作能力。他曾在《文艺谈》中,结合自己的实际教学经验,认识到"儿童对于文艺的创作非常喜欢。我曾叫他们到野地里去席地坐着,作描写景物的文字,又曾叫他们随意为小说……我想,儿童若是有适宜的营养品——文艺品,一定可以有更

---

① [英]彼得·亨特主编:《理解儿童文学》,少年儿童出版社,2010年版,第211页。

高的创作力,成就很好的儿童作品"。①

《儿童世界》对中国现代儿童文学的发生发展起到了推动作用,它在中国现代儿童文学史上的意义主要体现在:

1.《儿童世界》杂志的出版,不仅宣告了国内第一本白话文儿童文学类期刊的正式诞生,叶圣陶的童话作品的发表,也同样标志着"五四"以来的儿童文学以独立分支形态而存在成为现实,中国现代儿童文学从翻译作品、理论倡导、零星创作走向了规模创作。

2.《儿童世界》杂志孕育、培养、形成了现代中国第一批儿童文学作家创作群体,杂志大力扶植新兴写作力量——为儿童写作的成人作家,完善稿酬制度,使儿童文学作家职业化成为可能,以叶圣陶、陈伯吹为代表的《儿童世界》作家群,深刻影响了中国现代儿童文学的美学风格、发展方向与历史进程。

3.《儿童世界》杂志编译、缩写、重述了大量国内外经典的儿童文学(包括寓言、神话、童话、民间故事等)作品,这些儿童文学作品有很多是第一次与国内读者见面,改写的作品语言浅近、结构严谨、故事形态完整,更加切近于儿童的年龄、心理、接受特质。

4.《儿童世界》上发表的儿童文学作品涵盖各种题材、体裁、风格、类型,覆盖各种现代儿童文学品种,体现了中国早期较为成熟的白话文儿童文学创作的形态、样

---

① 叶圣陶:《文艺谈》,《叶圣陶集》(第9卷),江苏教育出版社,2004年版,第53页。

貌,特别是在现代儿童诗、童话、寓言故事创作等方面,具有比较成熟的艺术范式。

5.《儿童世界》出版将近二十年的时间里,始终站在儿童的角度,以儿童的年龄、心理、身心与情感发展为中心,倾听儿童的声音、了解儿童的需求,所选用的各类稿件、版面,特刊的设计均针对儿童精神成长的实际需要,作为一本畅销的儿童刊物,受到了儿童读者长久的支持。此外,新颖的编辑手法与行销策略,也是《儿童世界》能够得以长期发展、被其他儿童刊物争相模仿的重要因素。

报刊出版业的兴盛是现代社会的标志之一,"五四"时期,不论是儿童文学的理论探索,还是创作实践的发生,都离不开报刊出版物,报刊传媒直接推动了现代儿童文学的历史出场,叶圣陶早期文学童话的发表,宣告了中国现代儿童文学的真正诞生。通过报刊出版,童话、寓言、儿童诗、儿童小说、儿童剧等儿童文学体裁才得到推广,渐渐让众人所知。[1] 这些刊物通过大量、集中的刊发儿童文学稿件,影响与改变了中国现代儿童文学创作的进程。从最初的理论讨论,到后来依托重要文学刊物所形成的规模创作、编译与出版,儿童文学的理念在中国才被广泛传播,儿童文学作品也开始真正影响到儿童的实际阅读。

---

[1] "因为有了最早的一批少年儿童报刊,才有了'儿童文学'这个概念的被推广、被接受和被认可,才有了'童话'等儿童文学门类的确立和规模创作"。简平:《上海少年儿童报刊简史》,少年儿童出版社,2010年版,第1页。

第二章　叶圣陶与发生期儿童文学进程

第一节　文学研究会与叶圣陶儿童文学的创作生成

　　成立于1921年1月的文学研究会集结了现代中国最有声望的一批新文学作家,文学研究会是中国现代文学社团组织的一面旗帜,一定程度上代表了"五四"至20世纪20年代后期现代文学的主流。文学研究会不论是在理念还是创作层面,反映现实、关照人生的现实主义品格是其重要特征,这种现实型成人文学创作理念也被部分地延伸至具体的儿童文学创作中,叶圣陶则是在成人文学与儿童文学领域践行"为人生"创作理念较为典型的新文学作家。然而文学有其独特的创作规律与艺术法则,特别是儿童文学创作上,过分强调现实的特色与为人生的立场会使得儿童文学失去本来应具备的幻想、轻盈、浪漫的美学特质,承载儿童所难以理解与真正接受的现实负重。在艺术与人生、现实与幻想的复杂纠葛中,以童话为首的叶圣陶儿童文学创作砥砺前行,一部分童话肯定与张扬儿童天性、顺应儿童的理解力、想象力,另一部分也溶注了成人的话语,让童话更加具备现实的肌理与底色。

一、文学场域中的叶圣陶儿童文学创作生成

文学研究会培养了现代中国第一批儿童文学编辑、作家、评论家。儿童文学在文学研究会的倡导与推动下,不论是在译介、编辑、出版还是具体的作家创作上,都形成了初步的规模。文学研究会成立之后,其主要成员都致力于探讨、创作、译介、传播儿童文学。文学研究会在1922年之后所形成的"儿童文学运动",是这些同仁共同策动的结果。"儿童文学运动"的铺开,不仅依赖了现代报刊出版的技术手段①,更源自于文学研究会成员对儿童文学空前地关注及热情投注。表现在创作上,一个不能忽略的现象是,文学研究会成立之后,中国现代儿童文学的创作事业才有了较为可观的成绩,且有延续的发展,包括自1922年起叶圣陶陆续创作、1923年结集出版的,涵盖多重审美层次与不同艺术风格的童话集《稻草人》;1923年冰心开始创作,以爱、自然、生命为创作内容的儿

---

① 主要体现在文学研究会主要成员郑振铎1922年主编的儿童文艺类专门期刊《儿童世界》、黎锦晖1922年主编的《小朋友》,茅盾、郑振铎主编《小说月报》后对儿童文学的倾斜及其创办的"儿童文学"专栏(1924年)、专号,冰心呼吁《晨报副刊》开设"儿童文学"板块(1922年)。

童通讯《寄小读者》；俞平伯1925年出版的，以童年景象、儿童生活为主要题材的诗集《忆》；黎锦晖1922年之后创作的，适合儿童表演与吟唱的儿童歌舞剧《葡萄仙子》《麻雀与小孩》等。文学研究会成员同时积极地引进国外优秀的儿童文学资源，文学研究会旗下重视刊发儿童文学作品的主要期刊《小说月报》《儿童世界》《小朋友》等先后刊发了大量西方优秀儿童文学作品。

早期叶圣陶作品多用文言写成，在一些鸳鸯蝴蝶派类的杂志上刊发。叶圣陶在《杂谈我的写作》中说道："我的小学教师的位置被人挤掉，在家里闲了半年。其时上海有一种小说杂志叫《礼拜六》，销行很广，我就作了小说去投稿；共有十几篇，每篇都被刊用。"[①]叶圣陶真正走上新文学创作之路，是在"五四"之后，与现代文学社团及旗下报刊有着直接的关系。

过了四五年，五四运动起来了。顾颉刚兄与他的同学傅孟真、罗志希诸位在北京创办《新潮》杂志，来信说杂志中需要小说，何不作几篇寄与。我就陆续寄了三四篇去；从此为始，我的小说都用白话了。接着沈雁冰兄继任《小说月报》的编辑，他要把杂志革新，来信索稿；我就作了《小说月报》的长期投稿人。此后郑振铎兄创办《儿童世界》，要我作童话，我才作童话，集拢来就是题名为《稻草人》的那一本。李石岑兄周予同兄主持《教育杂志》，他们要在杂志中刊载一种长篇的教育小说，我才作《倪焕

---

① 叶圣陶：《杂谈我的写作》，《叶圣陶集》（第9卷），江苏教育出版社，2004年版，第225页。

之》。若不是这几位朋友给我鼓励与督促,我或许在投稿《礼拜六》后不再作小说了。①

不论是在新潮社还是文学研究会,叶圣陶的新文学创作都是在现代文学社团的运作下写作、出版,从而形成影响力的,叶圣陶1919年开始在《新潮》杂志发表白话小说,在短短的一年时间中,叶圣陶先后在《新潮》杂志发表《这也是一个人》(1卷3号)、《春游》(1卷5号)、《小学教育的改造》(2卷2号)、《伊和他》(2卷5号),后又在文学研究会主管刊物《小说月报》上发表《低能儿》《一个朋友》(12卷2号)、《萌芽》《闭锁的生活》《恐怖的夜》《感觉》《成功的喜悦》(12卷3号)、《恳亲会》(12卷7号)等作品,此外,叶圣陶还在《小说月报》《文学旬刊》《晨报副刊》《时事新报·学灯》等文学研究会重要刊物上发表创作与评论作品。文学社团不仅在发表、出版方面给了叶圣陶有力的支持,还依托后续的批评、广告等,为作品实现更广泛的传播效应搭设了平台与渠道,叶圣陶的文学创作及儿童文学创作,受到了当时新文学最有影响力的作家、评论家的关注及认可。早期新文学的主要策动者,如鲁迅、茅盾、郑振铎、顾颉刚都曾为叶圣陶的创作撰写短评,一定

---

① 叶圣陶:《杂谈我的写作》,《叶圣陶集》(第9卷),江苏教育出版社,2004年版,第225页。

程度上影响了叶圣陶新文学创作的典范价值的生成。①叶圣陶文学创作之所以能够有如此强大的拥趸，一方面与其作品本身的优秀品质有着极其重要的联系；另一方面，叶圣陶的新文学创作和儿童文学创作也越来越追随文学研究会所倡导的为人生、为平民的写实主义风向。

从 1921 年 11 月 15 日创作第一篇童话《小白船》开始，半年多的时间内，叶圣陶共有 21 篇童话发表在《儿童世界》上。叶圣陶创作童话的直接原因是文学研究会另一成员郑振铎在主编《儿童世界》杂志时期向叶圣陶约稿，不仅如此，郑振铎与叶圣陶在儿童文学创作观念上的共识，也是使得叶圣陶童话在内容与品质上得以树立与延续的原因之一。郑振铎曾在《文学旬刊》发表《新文学观的建设》文章谈到："大部分的文学，纯正的文学，却是诗神的歌声，是孩童的，匹夫匹妇的哭声，是潺潺的人生之河的水声。"②包括叶圣陶儿童文学在内的新文学创作

---

① 如鲁迅在 1919 年的书信《致傅斯年》中写道："《新潮》里的《雪夜》，《这也是一个人》，《是爱情还是痛苦》，都是好的……这样下去，创作很有点希望。"又如叶圣陶的小说《母》被《小说月报》12 卷 1 号转载沈雁冰的评语："圣陶兄的这篇创作，何等地动人，那是不用我来多说，读者自能看得出。我现在要介绍圣陶兄的另一篇小说《伊和他》，请读者参看。从这两篇，很可以看见圣陶兄的著作中都有他的个性存在着。"1922 年短篇小说集《隔膜》出版，顾颉刚在《〈隔膜〉序》中说："圣陶禁不住了，当《新潮》杂志出版时，他就草写了《一生》一篇寄去，随后又陆续做了好几篇。可喜《新潮》里从事创作的，还有汪倜斋、俞平伯诸君，一期总有二三篇，和圣陶的文字，竟造了创作的风气。"再如 1923 年 11 月童话集《稻草人》出版，郑振铎在序言中谈叶圣陶的童话创作时曾指出："在艺术上，我们可以公认叶圣陶是现在中国二三个最成功者当中的一个。"

② 郑振铎：《新文学观的建设》，《郑振铎全集》（第 3 卷），花山文艺出版社，1985 年版，第 436 页。

同样遵循与发展着写实主义创作的风格与理路,而对于叶圣陶现实风格的童话,郑振铎也是极其肯定。郑振铎在《〈稻草人〉序》中也指出"在艺术上,我们可以公认叶圣陶是现在中国二三个最成功者当中的一个"。① 在童话《小白船》之后,叶圣陶的儿童文学创作风格趋于多元,童心与现实并进,且现实逐渐地压倒了童心,占据了叶圣陶早期儿童文学较多的篇幅内容。主流的儿童文学批评界较为忽视叶圣陶不同审美倾向的儿童文学创作所呈现出来的风格、品质上的多样性,这与文学研究会及主要文艺评论家一直以来对写实类叶圣陶童话的偏爱与倾向也有着一定的关联。

二、文学研究会影响下的叶圣陶童话风格生成

叶圣陶曾在《文艺谈》中认为为儿童创作文艺作品要"对准儿童内发的感情而为之响应,使益丰富而纯美"。② 诚然,刊登在《儿童世界》杂志的《小白船》《芳儿的梦》这类诗意的创作童话契合了儿童的纯美天性,但叶圣陶后期的童话创作逐步脱离了儿童的实际接受能力,是从一个社会的观察者角度而创作的,具有明显讽刺与批判特质的新型童话。刊发在文学研究会主办的《儿童世界》杂志的叶圣陶童话,具有明显不同的审美层次与风格特征,

---

① 郑振铎:《〈稻草人〉序》,《郑振铎全集》(第十三卷),花山文艺出版社,1998年版,第214页。
② 叶圣陶:《文艺谈》,《叶圣陶集》(第9卷),江苏教育出版社,2004年版,第28页。

特别是以《大喉咙》《画眉》《稻草人》为代表的深入挖掘现实黑暗，呈现阶级矛盾的童话创作明显地受到了主流文学话语体系的影响，这类童话几乎脱离了"五四"以来以儿童为中心的儿童文学创作观念，也与其早期所秉持的儿童本位观念背道而驰。郑振铎赞赏叶圣陶现实风格的童话创作，指出这样引导孩子认识人生，童话创作是必须的，"他们（儿童）需要知道人间社会的现状"，郑振铎在《〈稻草人〉序》中不仅肯定了叶圣陶对于"成人的悲哀"与"惨切的失望"的呼号。同时指出："在成人的灰色云雾里，想重现儿童的天真，写儿童的超越一切的心理，几乎是个不可能的企图。"①鲁迅先生更是赞赏"叶绍钧先生的《稻草人》是给中国的童话开了一条自己创作的路的"。②这条路，正是以文学研究会主张的"为人生的文学"为参照的现实主义道路。鲁迅、郑振铎给叶圣陶童话所做的评价，也影响了一直以来儿童文学界对童话集《稻草人》文学史意义及价值的认定。

如果儿童文学也需要为人生，反映真实的社会与人生，那么势必与"五四"以来儿童文学的理论讨论形成脱节，在叶圣陶的具体童话创作中，我们也能看到他在艺术与人生，儿童权力与成人话语之间的游移、调整与冲突，所呈现出的不同风格不同审美层次的童话作品凸显了叶圣陶创作路线的曲折。文学研究会成立之后，从1921年

---

① 郑振铎：《〈稻草人〉序》，《郑振铎全集》（第十三卷），花山文艺出版社，1998年版，第214页。
② 鲁迅：《译文序跋集》，人民文学出版社，2006年版，第171页。

1月到1922年叶圣陶创作《稻草人》为止,他总共创作的小说与童话作品如下:

1921年:

1月8日:小说《萌芽》(刊《小说月报》12卷3号)

1月25日:小说《恐怖的夜》(刊《小说月报》12卷3号)

2月6日:小说《苦菜》(刊3月22日至24日《晨报副刊》)

2月27日:小说《隔膜》(刊3月16日至19日《京报·青年之友》)

3月1日:小说《阿凤》(刊3月16、17日《晨报副刊》)

3月5日至6月25日:作40则《文艺谈》(刊《晨报副刊》)

3月31日:小说《寒晓的琴歌》(刊4月14日《京报·青年之友》)

4月10日:小说《疑》(刊4月16日、17日《京报·青年之友》)

4月30日:小说《一课》(刊5月17日—19日《晨报副刊》)

6月11日:小说《晓行》(刊6月20至23日《晨报副刊》)

6月26日:小说《悲哀的重载》(刊7月3日—8日《晨报副刊》)

9月24日:小说《饭》(刊10月10日《时事新报》)

10月29日:小说《义儿》(刊11月1日《时事新报·文学旬刊》)

11月2日:小说《云翳》(刊《小说月报》12卷12号)

11月15日:童话《小白船》(刊《儿童世界》1卷9期)

11月16日:童话《傻子》(刊《儿童世界》1卷11期)

11月17日：童话《燕子》(刊《儿童世界》2卷1期)
11月20日：童话《一粒种子》(刊《儿童世界》1卷8期)
11月22日：小说《乐园》(刊《小说月报》13卷1号)
12月9日：小说《地动》(刊《东方杂志》19卷1号)
12月19日：小说《旅路的伴侣》(刊《小说月报》13卷3号)
12月21日：小说《风潮》(刊《教育杂志》14卷4号)
12月25日：童话《地球》(刊《儿童世界》1卷12期)
12月26日：童话《芳儿的梦》(刊《儿童世界》1卷13期)
12月27日：童话《新的表》(刊《儿童世界》2卷3期)
12月28日：童话《梧桐子》(刊《儿童世界》2卷7期)
12月30日：童话《大喉咙》(刊《儿童世界》2卷2期)

1922年：

1月4日：童话《旅行家》(刊《儿童世界》2卷5期)
1月9日：童话《富翁》(刊《儿童世界》2卷9期)
1月14日：童话《鲤鱼的遇险》(刊《儿童世界》2卷6期)
2月10日：小说《被忘却的》(收入短篇集《火灾》)
3月14日：小说《醉后》(刊《民铎》3卷3号)
3月19日：童话《眼泪》(刊《儿童世界》2卷13期)
3月24日：童话《画眉鸟》(刊《儿童世界》2卷11期)
3月26日：童话《玫瑰和金鱼》(刊《儿童世界》2卷12期)
3月27日：童话《花园之外》(收入童话集《稻草人》)
4月3日：童话《祥哥的胡琴》(刊《儿童世界》3卷3期)
4月10日：童话《瞎子和聋子》(刊《儿童世界》3卷1期)
4月12日：童话《克宜的经历》(刊《儿童世界》3卷8期)
4月14日：童话《跛乞丐》(刊《儿童世界》3卷9期)

5月21日:小说《小蚬的回家》(刊《东方杂志》19卷10号)

5月24日:童话《快乐的人》(刊《儿童世界》3卷7期)

5月27日:童话《小黄猫恋爱的故事》(收入童话集《稻草人》)

6月7日:童话《稻草人》(刊《儿童世界》5卷1期)

12月2日:小说《火灾》(刊《小说月报》14卷1号)

12月10日:小说《小铜匠》(刊《小说月报》14卷4号)

12月17日:小说《两样》(刊《小说月报》14卷2号)

从参与文学研究会筹备工作的1921年起,到完成童话《稻草人》的1922年,叶圣陶的成人文学与儿童文学创作是齐步并行的,而叶圣陶的新文学创作,特别是在小说领域的创作大多从他所熟悉的日常生活出发,注重对普通知识分子及各行各业小人物的描摹与刻画。从创作文本上来看,从人物身上挖掘与批判社会沉疴、封建礼教的力量,这样的创作模式或多或少地影响到其儿童文学的具体创作。叶圣陶曾这样描述他创作小说的动机:"为什么写小说会偏于'为人生'的一路。当时仿佛觉得对于不满意不顺眼的现象总得'讽'它一下……我在城市里住,我在乡镇里住,看见一些事情,我就写那些。我当教师,接触一些教育界的情形,我就写那些……"① 叶圣陶无论是在文学主张,还是实际创作上,都是自觉地迎合写实主义的创作路线,从熟悉的人与事入手,从审视与批判的维

---

① 叶圣陶:《叶圣陶论创作》,上海文艺出版社,1982年版,第194~195页。

度入手，写社会的不公正、不平等之事。叶圣陶的新文学创作，特别是小说创作明显具有为人生的旨趣，这样一种注重文学功能性与社会影响的成人文学写作实际上与为儿童的儿童文学在创作理念、方法以及模式上都相去甚远。就在创作这些注重讽刺的新文学作品之时，叶圣陶受文学研究会郑振铎先生的稿约，需要创作大量的童话，一边创作大量写实类的成人文学作品，一边想要跳脱真实的社会，深入儿童世界，潜入童话梦境书写浪漫的童话，这本身就是一件相对矛盾的事情。儿童文学作为大人写给儿童的、尊重儿童身心特质与接受能力的文艺形式，首先必须考量作品的儿童性，发表在《儿童世界》杂志的叶圣陶童话，后期过于注重写实与批判的旨趣，使得童话原本的浪漫幻想与清晰灵动的行文受到了压制，也悖离了叶圣陶曾经所倡导的为儿童的儿童文学创作理念。叶圣陶是如何调整这样的矛盾的？叶圣陶又是如何来调和为艺术与为人生的冲突的？除却将童话的创作重心越来越偏向真实的社会与人生，逐渐告别其儿童本位的儿童文学理念，而移向主流的文学话语，在叶圣陶早些时候的文艺著述中，艺术与人生并不是相矛盾的两个对立物，是可以统一的。在《文艺谈·十一》中，叶圣陶抛出"艺术究竟是为人生的抑为艺术"的话题，认为"以我浅见，必具二者方得为艺术。唯其如此，此等讨论无须深究……王尔德的作品何尝反于人生？托尔斯泰的作品何尝不有浓厚的艺术意味？于此可见真的文艺必兼包人生的与艺术的"。① 在叶圣陶看来，艺术与人生不仅不相冲突，而且文学艺术作品如果有为人生的追求，艺术与人生并不是选择的问题，而是必须合一、统一起来，在创作中得到映现。叶圣陶新文学创作的题材总是从身边熟悉的事物出发，依据自身经验进行创作。在其自身看来，"生活在那个时代，感受的就是这些"。叶圣陶从事新文学创作之后不久的童话创作，也承继了为人生的创作理念与风尚，将艺术与人生统一到创作中，叶圣陶早期童心风格的童话创作不久后就被注重写实与批判风格的童话所替代，使其部分童话具有明显的现实肌理与批判意味。虽然在"五四"时期，叶圣陶的儿童文学观念一再强调以儿童为中心，但仔细翻阅叶圣陶的文艺理论史料，会发现叶圣陶包括儿童文学创作理念在内的文艺理论更多地偏于感性与经验总结，是处于不断探索与修正中的，前后并非连贯一致。在三十年代的叶圣陶著述中，就曾表达儿童也有认识、了解甚至参与现实的必要，② 这样的童话创作路线转移也就不足为奇了。

---

① 叶圣陶：《文艺谈》，《叶圣陶集》（第 9 卷），江苏教育出版社，2004 年版，第 35 页。
② 在 1936 年发表的《时势教育着我们》一文中，作者认为："他们除了功课和游戏之外，还关心到中国前途的命运，强敌的狠心和暴行……在纯粹主张'儿童本位'的教育家看来，这是个不值得赞许的现象，因为儿童自有儿童的天地，小心灵里不必要容纳这些事情。然而，无论如何，小学生识见的范围已经从学校、里巷、家庭扩大开来了，这是不可否认的事实。"叶圣陶：《时势教育着我们》，《叶圣陶集》（第 5 卷），江苏教育出版社，2004 年版，第 429～430 页。

1922年前，中国现代儿童文学在创作上没有出现连续且具备成熟美学形态、风格与影响力的创作作品。作为文学研究会丛书之一的叶圣陶童话集《稻草人》出版，才得以奠定中国现代儿童文学的作品基石，标志着中国儿童文学多元的品质与多层次的审美风格，以叶圣陶为代表的文学研究会的儿童文学创作偏重对现实的反映、挖掘、呈现，让孩子认识到人生的多元、丰富与灰暗、光明，从现实黑暗中去怀想、追寻光明的可能，用文学去影响人生，改造人生，反映现实，叶圣陶的儿童文学迎合了文学研究会"为人生"的文学理想。以叶圣陶为代表的发生期中国儿童文学在实质的创作与传播活动上，都受到了文学研究会的影响。一方面，主流文学团体对于儿童文学有着别样的诉求，发现儿童的生命个体，呼应了人的发现的时代主题，儿童文学在现代中国不只是依从、顺应儿童接受的文学读本，更承载了"五四"知识分子对塑造未来新国民的理想期盼。"儿童文学的目的，在于将儿童培育引导成为健全的社会的人"。① 同时，发生期的儿童文学，不论是从事儿童文学编辑出版的人员，还是创作的主力，都是新文学作家群中颇具影响力的成人文学作家，其自身儿童经验的匮乏与本身所遵循的文学理念、立场或多或少地影响与干扰了实际的儿童文学创作，使得发生期中国儿童文学的创作品貌与"五四"时期儿童本位的文学创作理论出现了错位。总之，一方面，中国现代儿童

---

① ［日］上笙一郎著，郎樱、徐效民译：《儿童文学引论》，四川少年儿童出版社，1983年版，12页。

文学在观念的形成、文本的生成、传播的偏向等各个环节、阶段都能看到主流话语对其影响与渗透。另一方面，通过以叶圣陶为代表的文学研究会主要成员的儿童文学创作，我们也能看到发生期儿童文学自觉的责任与担当意识，具体表现为儿童文学文本的现实取向、批判精神及较为明显的教育意味。

  叶圣陶走上儿童文学创作之路，除自身对儿童的关注、观察，以及职业需要所累积的儿童经验外，文学研究会对其儿童文学事业的促成是首要因素。以童话为代表的叶圣陶儿童文学创作，承接与延续了文学研究会的文学理念及理想，将具有写实风格与批判精神的创作路径引向了儿童文学，叶圣陶成人文学中冷峻的风格、写实主义的创作手法，也延伸至儿童文学创作中，将真实的人生与社会展示给儿童，发展了儿童文学参与现实、反映人生的品格。

  文学研究会对包括儿童文学在内的西方文艺资源的译介，特别是托尔斯泰、爱罗先珂、梭罗古勃、安徒生、王尔德等西方作家现实批判型童话的译介，也影响了包括叶圣陶在内的儿童文学作家的童话创作走向。西方文学资源的引入，对中国现代文学在表现技法与思想内容上的冲击是巨大的，而儿童文学也是在西方先进的儿童学与儿童文学理论与创作资源的基础上，模仿与创作的。文学研究会注重包括儿童文学在内的国外作品的译介与引进，发表在1921年18卷11号《东方杂志》上的《文学研究会丛书编例》中就曾指出"本会为系统的介绍世界文学。并灌输文学知识,发表会员作品"。① 叶圣陶也曾明确地表示,自己的童话创作借鉴吸收了西方童话的营养。在叶圣陶早期的童话创作文本中,我们能明显地看到西方童话艺术表现手法如魔法、宝物、幻境等的模仿与使用,在创作模式上,也有部分借鉴西方民间文学中泛称率、对照率、三迭式的艺术创作手法。"五四"时期对于外国童话译介,特别是文学研究会有选择地对西方具有批判性质及现实底色类型童话的译介,迎合了文学研究会一贯的文学主张,使得基于模仿西方童话写作模式的中国作者受到了影响。在创作风格与手法上,叶圣陶童话与安徒生、王尔德的部分现实批判型童话,与"五四"时期报刊上常见的爱罗先珂、梭罗古勃及之后小川未明的童话在形式及手法上,在传达的思想、审视与观察社会人生,承载的社会批判意图等诸多方面,都有着部分的偶合,叶圣陶也曾经大方地承认,自己的童话创作受到了西方童话资源的影响。

我写童话,当然是受了西方的影响。"五四"前后,格林、安徒生、王尔德的童话陆续介绍过来了。我是个小学教员,对这种适宜给儿童阅读的文学形式当然注意,于是有了自己来试一试的想头。还有个促使我试一试的人,就是郑振铎先生,他主编《儿童世界》,要我供给稿子。《儿童世界》每个星期出一期,他拉稿拉得勤,我也就写得勤了。②

---

① 《文学研究会丛书编例》,刊于《东方杂志》,1921年18卷11号。
② 叶圣陶:《我和儿童文学》,《叶圣陶集》(第9卷),江苏教育出版社,2004年版,第320页。

"五四"时期的童话创作与译介有较为类似的特质,偏重于社会批判力的呈现,而在这样的创作理路与模式下,真正的儿童读者被边缘化了,也不可能完全能够理解、领会文本之外的思想深意及其所呈现的追求变革、改造人生的内在诉求。"刚刚确立的儿童文学观念在理论及实践上变得自相矛盾,而儿童文学观念这种内在的矛盾在童话这类特殊的文类上由其被彰显出来,使得童话的读者对象也变得含混起来"。① 儿童在"五四"的被发现并不代表儿童集体真正获得了主体性地位与权力,观念的变革与实际的社会现状之间存在着较为明显的差距,儿童依然被冷落,儿童读者的真正需求与声音受到了压制。

就童话文体的创作实践而言,叶圣陶童话在内容上用生活中熟悉的事物进行提炼与改写,在创作中,叶圣陶借鉴了王尔德、安徒生偏于反映现实呈现阶级等级差异的成人话语较为浓烈的童话创作模式。"五四"时期,包括王尔德的《安乐王子》、安徒生的《卖火柴的女儿》《一个母亲的故事》、小川未明的《到光明的地方去》等符合中国主流文学话语语境的文学童话被大量译介过来,叶圣陶现实类童话叙事手法借鉴了外来的资源与模式。但是在具体的创作内容与主旨思想上,西方童话作家包括王尔德、安徒生偏向现实风格的童话,其所塑造的童话主人公更多的是个体的形象,而叶圣陶在后期如《古代英雄的石

---

① 徐兰君、[美]安德鲁·琼斯主编:《儿童的发现:现代中国文学及文化中的儿童问题》,北京大学出版社,2011年版,第131页。

像》《火车头的经历》,以及续写安徒生的作品《皇帝的新衣》出现更多的是群体的童话形象,且在文本中,有别于安徒生、王尔德快乐王子、卖火柴的小女孩儿等悲惨的主人公形象;在内容设计上,叶圣陶更加看重童话主人公的反抗力量,强调通过集体反抗扭转命运改变悲惨现实,更加融入主流的革命话语模式中。这样就区别于西方童话的传达模式与惯常的叙事方式,体现出叶圣陶对童话文体独具特色而又纯熟的驾驭能力,也让童话在现代中国的实现方式趋向多元化。

一部作品的生成,不只是作者单方面的灵光闪现,它与意识形态、文学建制、主流思潮、政治社会情势有着复杂的关联。美国学者韦勒克与沃伦在《文学理论》中就曾指出:"一部文学作品,是交织着多层意义和关系的一个极其复杂的组合体。"[①]法国结构学家罗兰·巴特认为:"一位作家的各种可能的写作是在历史和传统的压力下被确立的……写作正是一种自由和一种记忆之间的妥协物。"[②]政治意识形态、社会情势、主流的文学话语或明显或潜在地参与到作家对作品的建构中,影响作品的生成形态、风格与品质。"五四"时期儿童本位论文学成果未能在叶圣陶的创作中得到进一步的继承来自内外两方面的原因,其一,叶圣陶一直以来的新文学创作都从自身熟

---

① [美]勒内·韦勒克、[美]奥斯汀·沃伦著,刘象愚、邢培明、陈圣生、李哲明译:《文学理论》,江苏教育出版社,2005年版,第18页。
② [法]罗兰·巴尔特著,李幼蒸译:《写作的零度》,中国人民大学出版社,2008年版,第15页。

悉的人情世态出发。他曾在《学习文艺》一文中指出:"理解与创造的根源只有一个,那就是生活经验。"写实主义的方向与深刻的批判属性是其作品的重要特征,儿童文学创作也或多或少地受到了其冷峻、严肃的成人文学的影响;叶圣陶也在其文论作品中表达过文学不必拘于必然的"主义"或"形式"之中,这使得他能更从容地在儿童本位论与现实导向的两种截然不同的儿童文学创作路线上游走。其二,外在社会时局与主流的文学话语模式,是影响叶圣陶儿童文学创作路线转向的重要因素,动荡的社会时局很难让一直以来关切社会与个体命运的叶圣陶沉浸在天真单纯的儿童世界,而文学研究会一直以来注重文学的社会影响,也与叶圣陶实质的新文学创作相契合,使得后期儿童文学中的儿童性被遮蔽,逐渐地让位于成人话语。

  文学研究会成立后,中国现代儿童文学事业才得以真正发展起来,文学研究会作为现代文学社团组织,有其独特的创作理念与诉求。作为中国现代儿童文学史上第一个连续创作白话儿童文学作品的作家,叶圣陶的儿童文学创作呼应了主流文学的诉求,不论是从自身的文学创作理念还是在具体的创作文本中,叶圣陶都遵循并发展着文学为人生、为平民的写作立场与方向。叶圣陶的儿童文学创作,在文学研究会对儿童文学的热情讴歌与号召之下完成了最初的文本形态。以童话为代表的叶圣陶儿童文学创作有着明显的现实肌理、底色,具备鲜明的讽刺批判精神,进一步探索与发展了童话艺术表现手法与主题内容上的可能性与多层次性。可以说,叶圣陶介入现实、表现人生的童话创作是中国现代儿童文学的独特审美景观,影响了现代儿童文学风格与传统的形成。以叶圣陶的儿童文学创作为代表的中国现代儿童文学,极其迫切地追求儿童文学的社会化影响,有着明确的目的性。① 在民族国家危难中,现代儿童文学暂时搁置了清逸、想象、灵动、精巧,通过文本去传达平等、自由、反抗的现实主题。从这种意义上来看,在现代儿童文学的生产活动中,真正的儿童处于被遮蔽的状态。

第二节 文体实验与叶圣陶童话的现代性转型

从世界范围来看,童话的发展大致经历了非自觉的口传与自觉的搜集创作两个阶段。口传文学阶段可以看作现代童话的史前史,这期间,并没有将童话与其他文体作出明确的界分,神话、传说、民间故事、志怪传奇、精灵故事等都是此期"童话"的资源。这些作品中的一些元素与技法与现代童话有着多方面的重合,后来专门从事民间故事与童话搜集的学者,把这部分作品也归于广义的童话范畴。这些童话资源并不依托于文字与文本,在数千年的口传阶段,它的故事内容、人物场景也会经过基于

---

① 美国汉学家安敏成在《现实主义的限制:革命时代的中国小说》一书中曾经谈道:"现代中国文学不仅是反映时代混乱现实的一面镜子,从其诞生之日起一种巨大的使命便附加其上。只是在政治变革的努力受挫之后,中国知识分子才转而决定进行他们的文学改造,他们的实践始终与意识中某种特殊的目的相伴相随。"[美]安敏成著,姜涛译:《现实主义的限制:革命时代的中国小说》,江苏人民出版社,2001年版,第3页。

口传者的理解而增删改变。自觉的童话搜集与创作是以固定形态的文字文本为基础的,在这样的专门搜集专业创作中,搜集创作者逐步发觉了童话这一文类的体裁特征与独特价值,此后,中产阶级的兴起、对教育的重视、文化的分工及现代传媒的推动,使得越来越多的专业作家开始创作童话,童话文体进一步走向自觉,从口传文学中脱胎,成为儿童文学大家庭中最重要的体裁与品种。不论是口传阶段还是后来的搜集创作阶段,童话艺术有着一些共同的特点:独特的想象、夸张、拟人、变形、象征技法,结构上重复、跳跃、穿插,内容上宝物、幻境、魔法等是童话文类的独特艺术元素与表现方式。童话还在一定程度上反映着某个地域的生活风貌、价值取向与社会历史现实。在著名童话学者杰克·齐普斯看来,"19世纪末,童话文类承担着各种不同的功用。总体上看它成为了一种多声部的话语网络,在这一网络中,作家们使用熟悉的母题、旨意、主角和情节来象征性地评论其各自国家的文明和社会化进程"。①

在现代中国,童话的催生有着独特的历史情境,与中国整体向现代化进程的努力有着更为紧密的关系,在倡导理性、平等、自由,呼吁个人尊严与权力的"五四"时期,童话这一文体也承担着培育独立身体与精神,培养拥有坚强生命意志的儿童之重任。以童话为首的儿童文学,对儿童个体精神的形塑功能,在"五四"时期被进一步发

---

① [美]杰克·齐普斯著,赵霞译:《作为神话的童话/作为童话的神话》,少年儿童出版社,2008年版,第15页。

现,童话也被承载了更多的教育与现实功用。

一、叶圣陶童话:民族性的现代文学童话

叶圣陶童话标志着中国现代文学童话的真正诞生,体现在语言、意象、内蕴、结构、手法、思想等方面都有成熟的童话艺术范型,且文本承载了民族的语言、文化、精神,不因循传统的民间文学创作理路,也不直接平移西方的童话创作模式,周致的场景刻画与细腻的心理描写,一改以往童话对于人物心理、语言及外在环境表现上的模糊性与模式化的欠缺。同时,在童话的叙事模式上,心理叙事、交错叙事、限制叙事等多种叙事手法的运用,也使得叶圣陶童话文本呈现出较高的艺术水准与突出的作家风格。叶圣陶童话发展了童话文体在表现方式、主题素材、思想内涵上的多重可能性,不同文本之间有着截然不同的审美层次与精神内蕴。当下不同风格与品种的童话,如幽默童话、写实童话、诗意童话等都能溯源到叶圣陶童话,叶圣陶童话体现了发生期中国童话民族性、现代性的制高点。同时,这些童话又是有着明显儿童化、口语化、文学化特征的,适切于儿童的语言、心理及认知特点,具有明显的童话文体自觉。

叶圣陶的童话文体实验及其成就代表了中国童话的现代性转型,不仅因为叶圣陶童话告别了原有的传奇小说、志怪小说及民间故事的惯性叙述模式、类型化表现手法、雷同性素材资源,更表现在叶圣陶对童话文体形式及精神内涵上崭新的、开拓性的突破。

叶圣陶童话是中国现代性、民族性、本土性童话的起点，首先体现在叶圣陶对童话文体的娴熟运用，及童话文体的民族化转化生成上。叶圣陶童话的语言是全新的白话文体式，与原有的文言或是半文半白的儿童文学译介创作形成了明确的分野。叶圣陶虽然承认自己的童话创作受到了童话大师安徒生、王尔德的影响，后世也有学者指出叶圣陶的一些创作童话与英国作家约瑟夫·吉卜林所创作的丛林故事有着异曲同工之妙，但是从具体的文本来看，叶圣陶的童话并没有夹杂着西化的语言，在语言上做到了明确的白话文自觉。简约、韵致、清新是叶圣陶童话的语言风格，简洁洗练的白话叙事语言中蕴涵古典诗意的韵律及美感。同时，不论是童话形象还是文学意象都是充满中国味道与民族特色的，泉水、月亮、荷塘、白船、梧桐、麻雀、鲤鱼、鸬鹚、金鱼、画眉鸟、稻草人，这些贴近物态本身属性的民族文化符号在叶圣陶童话文本中经过文学化的精心处理，又显得灵动、自然，有生命力。诗化意境的营造与本土色彩的意象相契合，风格隽永绵长。

此期叶圣陶虽然没有关于童话概念的明确阐释，但对童话的幻想、象征、拟人、变形、宝物、魔法等各种艺术表现方式，重复率、泛称率、二元对立、三段式等童话创作模式及技法在其童话文本中有较多的应用。三段式内容层次递进的作品适切于儿童的理解能力，叶圣陶童话《一粒种子》《画眉鸟》《眼泪》《稻草人》等都是三段式童话的代表作品。

幻想是童话最核心的艺术特征之一，叶圣陶深谙童话艺术幻想与魔法的重要性,叶圣陶童话中的幻想是参与叙事、推动叙事的不可或缺的一种策略,也是其他一切魔法、变形、宝物等童话元素得以施展的基础,在叶圣陶的童话中,鸟儿能读懂信,小孩儿能摘下星星,烟囱能听懂人在说话,玫瑰、金鱼能互相争论,泉水可以教育孩子把胡琴拉出好听的声音。

在叶圣陶的童话中,幻想并不只是一种技法,幻想同时映照着现实,参与着主题的表达与生成。很多时候,叶圣陶的幻想手法呈现的却是赤裸裸的悲惨世界图景。《鲤鱼的遇险》中,鲤鱼看清了世间的悲哀与痛苦,它们选择携起手来"诅咒这个世界";《画眉鸟》里,画眉鸟飞出笼子,看到的却是底层人民挣扎的生存状况,它忘记劳累,决定只为底层人民歌唱;《克宜的经历》里,克宜解救了一只困于蛛网的蜻蜓,为报救命之恩,蜻蜓将一只魔法镜子交予克宜。"可以看见人的眼睛看不见的事物。你要知道一切事物将来会是什么样子,用这镜子一照就成了"。① 然而,这面充满魔力的镜子带给克宜的却是无穷的恐惧,通过魔法镜面,克宜看到了光鲜城市背后迅速溃败与腐朽的模样,而人则是所有苦难的承担与殉难者。

叶圣陶童话中的童话形象,有着多元的面向,丰富的情绪与情感,一改以往民间文学作品中人物脸谱化,情感模糊性等缺陷。叶圣陶精心经营的童话人物有着更为细腻丰润的心理活动与情绪情感,使得童话形象更加真实、

---

① 叶绍钧:《克宜的经历》,刊于《儿童世界》,3卷8期。

立体。叶圣陶非常重视对儿童心理与情绪的呈现,对于儿童复杂、易变的情绪有深刻的观察,将儿童化的情绪状态架设于童话形象上,《芳儿的梦》《花园外》《燕子》等都是这其中的优秀代表。在童话《燕子》中,迷路的小燕子希望早点回家与母亲团聚,可他被一颗飞来的泥团击中:

> 棠棣花早就听到他在哀叫,而且听得最真切,因为贴近他的身旁。她十分可怜他,甜蜜地安慰他说:"美丽的小东西,妈妈总会来的,不要哭。你可以在我这里休息一会儿,我盖着你,保护你。你好好儿休息吧。"
>
> 听了许多安慰他的话,他似乎痛得轻了些。他心里想,"他们多么关心我呀!可是妈妈在等我呢,我不回去,妈妈一定着急了"。①

直到小燕子遇到了善良的女孩青子和她的朋友玉儿,才渐渐地平复了失落的情绪。主人公儿童化的内心独白是展现其情绪状态的一种渠道,也是叶圣陶童话创作中常用的一种方式。

> 小燕子睡在她的手掌上,又温暖又软和,感到非常舒适。可是他又叫了,不是为了痛,只是为了想念妈妈。"妈妈,我遇见了一位可爱的小姑娘。她喜欢我,带我到她家里去了。你到她家里来看我吧,我很平安,但是你要马上来呀"!
>
> ……
>
> 小燕子一觉醒来,只见两个笑脸紧贴着,都在看着他

---

① 叶绍钧:《燕子》,刊于《儿童世界》,2卷1期。

呢。他回想自己受伤以后的事儿，心里说："妈妈，你怎么还不来呢？你一定在找我，我却在这里等你。小姑娘待我很好，她们为什么不把你也接来呢？"他一边想，一边滴下眼泪来了。①

再如童话《梧桐子》中，梧桐子希望早点离家，四海流浪，挣脱家庭的束缚，去观察与发现新的生活，叶圣陶着重表现了梧桐子复杂矛盾的心理状态。

有一颗梧桐子，他不但喜欢看一切美丽的东西，唱种种快活的歌儿，他还想离开窗沿，出去游戏。他羡慕鸟儿，羡慕白云，羡慕萤火虫。他想，要是能和他们一个样到处飞，一定可以看到更多的美丽的东西，唱出更多的快活的歌儿。离开窗沿并不难办，只要一飞就飞出去了……

他的母亲摇了摇头，身子也摆了几摆，和蔼地对他说："你应该出去旅行，哪有不让你去的道理呢？可是现在，你的身体还不够强壮，再等些时候吧！"

他听了不再作声，心里可不大高兴。他觉得自己已经很胖很结实了，一定是母亲不放他走，什么身体不够强壮，不过是推托的话罢了。他决定不告诉母亲，自个儿偷偷地飞开去。可是飞到了外边，会不会遇上什么困难呢？独自旅行，能不能找到同伴呢？一想到这些，都教他担心害怕。②

叶圣陶通常借助儿童化的语言、情态、动作来呈现童

---

① 叶绍钧：《燕子》，刊于《儿童世界》，2卷1期。
② 叶绍钧：《梧桐子》，刊于《儿童世界》，2卷7期。

话形象的细微心理，实现对主人公情绪多重面向的捕捉。注重对童话主人公的情绪走向、情感状态的挖掘与呈现，也是将"五四"以来小说创作侧重对人个体的情感与意识状态的表现，延伸到童话领域。

此外，叶圣陶的童话角色有较为突出的功能指向，一些现实色彩的文本中，童话角色一般被用来作为悲剧命运的承载着，影响着批判主题的生成。叶圣陶的童话文本中，童话角色承担了一定的叙事功能，善良的人遭遇生命的波折与不幸，是叶圣陶童话形象中较为常见的模式，《跛乞丐》中，心地善良的主人公为需要得到救助的人义务送信，却成为了被嫌弃的跛乞丐。叶圣陶童话是呈现悲惨人生的镜面，折射出真实的社会镜像。在早期叶圣陶的童话中，主要人物在遭遇黑暗与邪恶，却没有能力与庞大的外力系统斡旋对抗，悲凉的命运不可避免地降临在主角的身上，早期的童话作品《瞎子和聋子》《稻草人》等都是这其中的代表。

二、叶圣陶童话：叙事模式与审美层次的多样性

从传统的全知型叙事分解为限制叙事、心理叙事、交错叙事等多重叙事手法，在叶圣陶的童话中都有很好的体现。叶圣陶童话一改传统全知型童话的叙事模式，是中国现代童话文体叙事模式转变的起点。

在叶圣陶的童话中，主人公的心理状态、情绪情感或推进了情节的发展，或使得故事得以转变格局，达到高潮。《梧桐子》中，梧桐子的内心独白、心灵情感推动了情

节的伸展;《鲤鱼的遇险》中,落难鲤鱼心中的信念与激烈的心理斗争,帮助它们得以解脱牢笼,重获自由;《花园之外》中,细致描写了长儿的情绪及心理状态,长儿极其盼望能步入花园,但是到文章结尾,长儿也没有真正进到花园。"他似乎进去逛过了,但是仍旧不知道花园里的情景"。① 整篇童话是围绕着长儿渴望、期盼最终失落的心理活动而展开叙事的,阶级对立,空间隔膜得以昭示。心理叙事是叶圣陶较为常用的叙述模式,不论是成人文学还是儿童文学创作,叶圣陶善于捕捉个体复杂的心理状态与情绪走向,而这样的心理与情绪,很多时候并不是为了塑造个体形象本身,与整个文章所要传达的主旨精神密切相关,心理叙事也让潜藏在文本之下的童话思想主旨得以彰显。

一些叶圣陶的童话糅合了不同的叙事模式,《芳儿的梦》就是心理叙事与交错叙事相结合的代表,文本中,虚幻与现实交错叙事,时间与空间是在芳儿的梦境中完成转换的。在美国学者杰拉德·普林斯所著的《叙事学:叙事的形式与功能》一书中认为叙事的策略可以根据书写者讲述方式的不同而变换。"事件可以按照其出现的顺序讲述,也可以按照另外的顺序讲述"。② 在著作中,他谈到文本限制叙事模式,认为作家会以各种方式限制文本

---

① 叶圣陶:《花园之外》,《叶圣陶儿童文学全集》(上卷),中国少年儿童出版社,2005年版,第131页。
② [美]杰拉德·普林斯著,徐强译:《叙事学:叙事的形式与功能》,中国人民大学出版社,2013年版,第69页。

的叙事,叙事者可以省略各种信息,直到最后才给予读者自己结论的合理与否。而《花园之外》也是明显的心理叙事与限制叙事相结合的童话作品,长儿想要去看花园里的一切,但是花园里究竟是一幅什么样的画面,作者在文中并没有交代,主人公长儿与作者所知道的所看到的是一样的内容,具有明显的限制叙事创作模式。在童话《旅行家》中,旅行家来自其他星球,作品中现在、未来交错叙事,随着时间的推移,倚赖着旅行家的发明,地球上的人过上了理想的乌托邦的生活。叶圣陶童话的心理叙事、限制叙事、交错叙事等多重叙事手法的运用是叶圣陶童话叙事模式区别于传统民间文学叙事模式的重要特征。叶圣陶不同类型风格的童话作品也并不依托某一种叙事模式与手法。

　　叶圣陶童话的现代性特征,同样体现在文本多层次的审美风格与深刻丰厚的思想内蕴上,开拓了中国诗意唯美童话、浪漫抒情童话、热闹幽默童话、现实批判童话的先河,丰富了成长文学的一些文本资源。《小白船》《芳儿的梦》等作品开创了中国诗意童话之先河,作者在文本中营造了一个诗化的空间,这个空间是属于童年的伊甸园式的理想王国,在这个空间中,速度是慢的,声音是柔和的,外在的纷扰被纯洁的童心化解。诗意童话的语言富有诗歌的韵律及质感,抒情意味明显,幻境的营造也有着诗化的特征;叶圣陶现实批判型童话创作深刻影响中国童话创作风格与进程。他将现实生活中的腐朽、黑暗、斗争植入童话文本,直面现实、书写人生,丰富了童话的内容,形成了独特的写实主义的风格。早期叶圣陶的现实批判类童话强调反映现实、呈现现实,多借用西方民间故事与传统童话三段式的表现手法,如《眼泪》《画眉鸟》《稻草人》等。在后期现实风格的童话中,则强调影响现实、干预现实的功能,传达反抗、斗争的集体主义精神。如《绝了种的人》《鸟言兽语》《火车头的经历》等,童话文本中过于直露的教育意图一定程度上削损了童话的艺术感,较之早期的童话艺术性减弱;叶圣陶还是中国热闹幽默型童话的创始人,《新的表》《傻子》《富翁》等是这其中的代表,叶圣陶善于运用夸张、对比、双关等多重技法,来呈现事物或人物荒唐荒谬、出人意料的幽默特征,叶圣陶幽默热闹型童话的叙事节奏明显快于他的其他创作童话,这些幽默童话很多都意在讽刺现实或教育某类群体,在艺术思维上表现出一种跳脱、调侃、嘲弄、解构权威的特质。

另外,容易让人忽视的是,叶圣陶的一些童话作品明显有着成长文学的特质与属性,较为符合与贴近"离家,遭遇,征服,蜕变"的成长文学叙事范式。在童话《梧桐子》中,小小的梧桐子艳羡外面的世界,坚定地告别母亲,联合他的兄弟们离家出走,但外出的过程中,兄弟们四散,梧桐子自己也历经艰险辛苦才在松软的泥土里扎下根,成长成为一株小树。在成长成熟之后,梧桐子最想念的却依然是自己的母亲和兄弟。文本展现了梧桐子离家—成长过程中蜕变的心路历程,细微呈现了梧桐子内心的情感。而在文章最后,作者写道:"他很快活,至今还笔挺地站在那儿,身子只顾往高里长。"①这样的收束暗合了成长文学中主角经历身心困苦与锻炼,最终得以成长成熟的叙述模式。在另一篇童话《祥哥的胡琴》中,为了弹奏好父亲留给自己的胡琴,祥哥独自离家来到大自然中拜师学艺,泉水、风儿、小鸟儿都给予他帮助与引导,在祥哥的苦练下,胡琴越拉越好;但当他去到都市,却受到了排挤、倾轧甚至侮辱,历经挫折与磨难后,祥哥终于参悟到只有在大自然中,在底层群众中间才能实现自己的价值。"田野就成了一个没有围墙的大音乐厅……又倦又乏的农夫恢复了精神,又困又累的磨坊工人又来了劲头,被火红的铁屑灼伤的小铁匠忘记了痛,死掉了儿子的老母亲得到了安慰"。② 不同于以往成长文学中主人公经历挫折困顿后的自我觉醒,叶圣陶成长型童话中,主人公的蜕变与觉醒、身心的双重成长需要现实的催化,童话主人公的成长依赖于一个阶层、群体,依赖于坚实的现实。

总之,叶圣陶的童话是儿童性与文学性,现代性与民族性相融的全新创作童话。叶圣陶童话深刻影响了中国现代童话创作的模式、理路,叶圣陶童话中的幻想作为推动叙事的不可缺少的艺术方式,溶注着真实的现实与人生。在叶圣陶之前,几乎没有中国的原创艺术童话,叶圣陶童话不仅有较为成熟的艺术表现,继承了民族文化的基因,更开创了不同类别不同风格的童话创作道路。叶圣陶童话以洗练的白话语言形式,贴近儿童心灵的童话

---

① 叶绍钧:《梧桐子》,刊于《儿童世界》,2卷7期。
② 叶绍钧:《祥哥的胡琴》,刊于《儿童世界》,3卷3期。

人物形象,丰富的细节与心理描写,成就了童话最本真的儿童品格;叶圣陶童话以充满本土化的意象和中国化的童话形象去展现民族风物和本土化的生活环境,成就了童话的民族特质;叶圣陶童话以有别于传统民间故事的叙事法则与逻辑,更多地选择心理叙事、限制叙事、交错叙事等现代叙事手法,开拓了童话多元的审美风貌和丰富的精神内蕴,代表了发生期中国现代儿童文学的高度与品质,是中国现代童话民族性、现代性、主体性的起点。

第三章 现代时期叶圣陶儿童文学的价值辨析

第一节 叶圣陶儿童文学的总特征

现代时期,叶圣陶儿童文学呈现出多元融合的审美品质,各个时期叶圣陶的儿童文学都有相对不同的创作模式、理路与风格。翻阅叶圣陶不同时期的儿童文学文本,我们发现以往学界将叶圣陶多元风格与品质的儿童文学,强行归类为现实主义的艺术范畴,导致叶圣陶其他审美风格的儿童文学作品长期被忽视,影响了读者对于叶圣陶儿童文学的深入认识及其作品的广泛推广,也一定程度上偏离了作家的创作实际,是存在一定弊病的。细致梳理叶圣陶儿童文学的创作风格、手法模式、审美表现的多样性,研究其儿童文学创作与成人文学创作的照应与呼应,进一步考量叶圣陶儿童文学与不同时期中国现代文学的主流思潮、社会诉求之间的联系,对于我们进一步认识、研究叶圣陶儿童文学创作与实践活动有重要理论和现实意义。

一、诗心、童心、佛心:叶圣陶儿童文学的早期风貌与美学特征

叶圣陶早期的儿童文学很难定义为一种主义与风格,初期叶圣陶的儿童诗、儿童小说、童话等作品延续与发展了儿童本位的进步儿童观念,呈现出诗意、浪漫、理想的风格。总的来说,早期叶圣陶儿童文学审美思想与艺术特质体现在诗心、童心、佛心兼容对话,相互影响的构造上。

1. 诗心

叶圣陶早期的儿童文学散发着浓厚的诗意,仿佛一首隽永悠长的田园牧歌。叶圣陶的诗心突出地展现在作品语言、意境、情绪与氛围等诸多方面,在其早期的儿童诗、儿童小说、童话等儿童文学创作中,作者精心营造了一种诗画结合、情景相融的艺术情境,使得文本散发出如古典诗词般的美感与韵致。"霏霏的几天雨/登楼远望,烟树迷离/那洋泾巷畔的平田/早披上绿绒衣……霏霏的几天雨/平田又披上绿绒衣/转眼间如箭光阴/又到麦秋天气/稻哩/麦哩/同在一块田里/是不绝的生机/是无穷的胜利"。①

---

① 叶绍钧:《春雨》,刊于《新潮杂志》,1919年1卷2号。

叶圣陶诗心同样体现在注重对文本诗画意境的营造上，注重对读者视觉、听觉、嗅觉等综合感觉的传达。"小鱼的嘴浮出水面/不住地开合/一个个波圈越来越大/钓竿举了/小鱼去了/但正在扩散的圈儿/也会波及无穷的远……"①在叶圣陶笔下，小鱼、钓竿等意象与物象联合起来构成了一幅动态的中国画。古典诗词中的比兴、借喻等表现手法也被运用在叶圣陶的诗歌创作中。

诗心还体现在早期叶圣陶的童话与儿童小说中。童话《小白船》所营造的是一个"世外桃源"，这里远离尘嚣世俗，有水塘、莲花，还有洁净的童心，在这样一个用诗心建立起的时空中，作者绘制了一幅宁谧的田园诗意画，白船，以及白船上的舵、桨、帆，莲花、水塘，都是具有鲜明中国特色的意象，语言的选取上，作者也注重运用诗化的方式呈现。"水面上有极轻微的东西，是鱼儿在奏乐。""小人国里的睡莲高兴得轻轻地抖动，青蛙看呆了，不知不觉随口唱起歌来"。② 在这篇童话里，语言、形象、意象都是诗心的流露，作者用近乎儿童口语的叙事语言，借助拟人、联想、幻象的艺术手法让童话传达出洁净清晰的艺术品质。在作者笔下，诗心是与浪漫的、接近儿童理解能力的幻想的艺术方式结合呈现的，作品中，万物都是生命的主体。在童话《芳儿的梦》中，芳儿为了在母亲生日时送给她一个特别的礼物，分别找到了天上的月亮、云朵、星星。"月亮只是对着芳儿微笑。她越走越近了，全身射出

---

① 圣陶：《杂诗》，刊于《晨报副刊》，1921年9月22日。
② 叶绍钧：《小白船》，刊于《儿童世界》，1922年1卷9期。

活波的光。月亮身边浮着些儿淡淡的微云,他们穿着又轻又白的衣裳,飘呀飘呀,好像跳舞的女郎"。① 故事的结尾,芳儿终于用星星串起的项链给妈妈送上了一份珍贵的礼物。"芳儿举起双臂,把星星的项链挂在妈妈的脖子上。无法形容的透亮的光从妈妈身上射出来,妈妈就成了一位仙女了"。② 田园、母爱、明净的童年是叶圣陶诗心关照的对象,诗心让叶圣陶的儿童文学呈现出唯美、浪漫的特质。

诗心也表现在在童话、儿童小说中插入一首儿歌或是儿童诗,作为文本的互文,直接参与到了主题的表达上。童话《燕子》中,小女孩青子为解受伤燕子的身心困苦,为其吟唱的儿歌:"树上的红从哪里来?/山头的绿从哪里来?/红襟的小宝贝呀,/是你带来了春天的消息……"③小燕子也着实受到了这个小主人的感动与鼓舞,借助诗歌的体式,表达了希望早日回家、牵挂妈妈的情感。"亲爱的妈妈你在哪里?/亲爱的妈妈你在哪里?/你的宝贝在这里呀,/谁给你传个消息?……"童话《小白船》也穿插了一首创作儿歌《鱼儿歌》:"鱼儿来,鱼儿来,/我们没有网,我们没有钩儿。/我们有快乐的一切;/愿意跟你们一块儿玩儿。"④在纯净唯美的诗化意境中彰显童心,韵文体儿童文学的插入不只是诗意的辅助传达,诗心可以看

---

① 叶绍钧:《芳儿的梦》,刊于《儿童世界》,1922年1卷13期。
② 叶绍钧:《芳儿的梦》,刊于《儿童世界》,1922年1卷13期。
③ 叶绍钧:《燕子》,刊于《儿童世界》,1922年2卷1期。
④ 叶绍钧:《稻草人》,刊于《儿童世界》,1923年5卷1期新年特刊号。

作叶圣陶用来引发、激活童心的一种策略。可以说,在叶圣陶童话中,诗歌的融入是引发作品主题的一种艺术传达方式。

2. 童心

很多时候,叶圣陶儿童文学创作中呈现的诗心,具有导引出童心、呵护童心的功能;而童心色彩的儿童文学则是对儿童内在美善心灵的呵护与关照,折射出叶圣陶内心的童年情结,寄托了成人作者对于童年的浪漫想象。同时,叶圣陶作品中的童心也具有逃遁现世、感化人心、净化现实的隐含诉求。

叶圣陶的童心意识首先体现在对儿童形象的塑造上,叶圣陶注重用儿童自己的语言、声音来展现儿童自身。在其早期的儿童小说中,义儿、阿菊、伊、明儿等儿童主人公,都具备相对天然、本真的儿童情态与童年特质。儿童小说《马铃瓜》是走向灭亡的科举考试的映照,小说用儿童的视角看到了新世界的到来与旧世界的解体,但搁置文本背后深刻的思想内涵,这同时也是一篇幽默的、童心本位的儿童小说,在作品中,我们首先感受到的是文本之上显在的儿童的声音与情绪,借助这样的声音与情绪,让叶圣陶笔下的儿童形象更加立体、真实,有层次。父亲逼着小主人公去参加科举考试,并不十分情愿的小主人公与父亲交涉:"要我去,必须带两个马铃瓜。"满足心愿之后,父亲带着小主人公走夜路赶考,因为夜路太长,小主人公便转身拦住父亲的双脚:"我要抱,我不走了。"而当小主人公终于挤到贡院,又担心竹篮子的马铃瓜早已被挤烂,他对自己说:"早知如此,刚才在寓所里吃了倒也罢了。"①用儿童的语言、声音、内心独白呈现本真的儿童情态,是叶圣陶童心色彩儿童小说的创作特色之一。在儿童话语、声音的背后,作者试图传达的是儿童的善良与纯真。叶圣陶的童心在守护童心、讴歌儿童的同时,也为真实的现实世界构筑起一个绝尘的伊甸园,在这里,只有明净的儿童与清洁的精神。

叶圣陶善于用儿童视角、儿童话语、儿童情绪来形成文本,描画孩子心中丰盈的爱与同情之心。儿童小说《一课》中,小主人公格外关切匣子里小蚕虫的成长,小蚕虫的生命成长牵动了他的思想与情绪。"他开着匣盖眼睛极自然地俯视,心魂便随着眼睛加入了小蚕的群里,仿佛他也是一条小蚕……他预算摘得的嫩桑叶可以供给那些小蚕吃到明天。便想,'明天必得去采,同王复一块儿去采'"。②在叶圣陶的儿童小说中,母亲形象的出现主要的功能是护佑童心,儿童小说《小蚬的回家》中,一位孩子在田岸旁拾到一只小蚬,因为怕小蚬的妈妈思念它,在妈妈的引导下,孩子将小蚬放生回了大自然。母亲作为儿童的养育者,与孩子有着不能割裂的脐带关系,儿童文学不能缺少母亲形象与母爱的主题,叶圣陶的儿童文学中,母亲更多有托举、呵护童心的意涵旨趣。

第二,叶圣陶儿童文学中的童心体现在文本中,作者

---

① 叶圣陶:《马铃瓜》,《叶圣陶集》(第 2 卷),江苏教育出版社,2004 年版,第 94~111 页。
② 圣陶:《一课》,刊于《晨报副刊》,1921 年 5 月 17—19 日。

着力表现儿童多层次的情绪、情感及心理状态。在小说《低能儿》中,作者注重表现主人公阿菊内心丰富的心理活动与多层次的情绪状态。

他被一位女教师抚着肩,慈爱地轻婉地问道,"你知道你自己的名字么?"他从没经过被询问,这是骤然闯进他生命里的不速之客,竟使他全然无法应付。他红丝网满的眼睛瞪住了,本来滑润的泪泉里不绝地涌出眼泪来。那位女教师也不再问,但携着他的手走到运动场里。他的小手感觉着温的柔的爱的接触,是他从没尝过的,引起了他的怅惘、恐怖、疑虑,使他的脚步格外地迟缓,滞顿,似乎他在那里猜想道,"人和人的爱情这么浓郁么!"①

不少的篇章中,作者还善于用儿童对事物直接的动作反应,来展现儿童的情绪走向,同样在儿童小说《低能儿》中,当女老师准备给小学生们发放小人偶玩具时,作者借助阿菊的动作完成了对儿童心理情态的展示。

他那简单的粗莽的欲望指挥着他的手前伸,想去取得他们,可是伸到了充分地直还搭不到教师的桌子;同时那怯懦的心又牵着他的手似乎不好意思地缩了下去。②

叶圣陶作品中儿童心理及情绪走向,复杂而有层次,不生硬造作,作者通常借助儿童真实的语言、情态、动作来完成对儿童细微心理变化的呈现,注重对儿童情绪多重面向的捕捉。

值得注意的是,叶圣陶笔下的儿童,并不都以表面单

---

① 叶绍钧:《低能儿》,刊于《小说月报》,1921年12卷2号。
② 叶绍钧:《低能儿》,刊于《小说月报》,1921年12卷2号。

纯,内心浅白的形象出现。在其长篇小说《倪焕之》中,倪焕之就曾感察到"他所教的原是低年级,最大的学生也不过十岁光景……儿童的爱娇,活泼,敏慧,仿佛从来不曾在他们身上透过芽…街头那些…流氓的典型,在他们里头似乎很可以找出几个"。① 叶圣陶以多年与儿童的朝夕相处,让他更加了解儿童心理世界与实际生活的丰富性、复杂性与多面性,在具体的文学创作中,叶圣陶也注重挖掘儿童性格多元的一面。认识到儿童个体的差异性,在具体的创作中,叶圣陶笔下的儿童也出现过较多的圆形人物形象。在儿童小说《义儿》中,叶圣陶塑造了一个嗜好绘画却遭家长、老师反对的儿童形象沈义。

他并不看先生一眼,脸容紧张,现出懊丧的神态。这更增加了英文先生的怒意。"早已说过了,若是不愿意,就不必勉强上我的课! 你恼怒什么? 难道我错怪了你? 上课不拿出课本来,是不是懒惰? 因你而妨害同学的学习,是不是捣乱? 我错怪了你吗"?

"是的,没有错怪,"义儿随口地说,却含有冷峻的意味,"现在课本已拿出来了,请教下去吧,时间去得快呢。"同学们不料义儿有这样英雄的气概,听着就大表同情,齐发出胜利的笑声来……

一种不可名的力驱策着他奔下讲台,一把抓住义儿的左臂,用力拉他站起来。义儿有桌子做保障,他两手狠命地扳住桌面,坐着不动;他的脸色微青,坚毅的神色仿

---

① 叶圣陶:《倪焕之》,《叶圣陶集》(第3卷),江苏教育出版社,2004年版,第23页。

佛勇士拒敌的样子……

许多同学呢，他们将义儿的事作为新闻，一散课就告诉别级的同学，像讲述踢球的胜利那么有味……①

叶圣陶多元化儿童的塑造，丰富了新文学中的儿童形象，一改儿童文学发生期天真型、纯洁型，问题小说中苦难型、失落型的类型化儿童形象。真实的儿童，真切的情感，注重用儿童自己的语言、声音、独白和细节来展现儿童，表现儿童丰富的情感情绪，是其儿童形象塑造成功的一个重要因素。叶圣陶笔下的儿童形象拥有着自己声音、情绪、动作，是真正有着独立生命个体的人。

玛利亚·尼古拉耶娃曾在《儿童文学中的人物修辞》中把儿童文学中的儿童形象划分为：神话英雄、传奇英雄、高模仿人物、寓言人物/象征人物、作为意识形态工具的人物、低模仿人物、讽刺人物等多种类型，不同类型的人物形象承担了不同的文学表现功能。前几种人物的典型特征是超人性，他们在个体能力或者道德、智慧上远远高出常人，是童话与儿童小说中较为常见的人物形象。但在叶圣陶的儿童文学中，我们所见的更多的是低模仿人物以及讽刺人物。即普通环境中的普通儿童或在体力能力上不及父母或其他同龄人的弱小人物。② 低模仿人物源自实际生活，但并不等于类型化、脸谱化人物，他们

---

① 叶圣陶：《义儿》，《叶圣陶儿童文学全集》（下卷），中国少年儿童出版社，2005年版，第72页。
② [瑞典]玛丽亚·尼古拉耶娃著，刘洊波、杨春丽译：《儿童文学中的人物修辞》，安徽少年儿童出版社，2010年版，第35页。

同样有着复杂的性格与心绪,叶圣陶对于儿童的熟稔,使其用儿童文学表现生活中各种性格的儿童时游刃有余,动态鲜活的儿童形象成为发生期中国儿童文学一道自然真切的风景。

第三,叶圣陶儿童文学中的童心主义思想还突出地表现在,作品中成人与儿童的对立状态,隐含着对儿童纯洁内心及纯良品质的歌颂,以此反衬成人世界腐朽的生活作风与荒谬的价值观念。例如童话《傻子》,吃了败战的国王追求杀戮来疏泄苦闷,主人公小傻子自告奋勇,甘于为了国王的快感而去送死,国王通过小傻子天真的行动,意识到了自己的荒唐,终于终止了自己屠戮的行为。在童话《跛乞丐》中,跛乞丐备受大人的排挤与嫌恶,只有心地善良的孩子们才愿意接纳他,亲近他,了解他的故事与人生。1936年发表的以"一·二八"事变为背景的儿童小说《邻居》,从中日小朋友间一次意外的游戏"事故"展开故事,小说展现了中日小朋友之间纯洁而真挚的情谊,但这种纯真的情感很快面对来自现实的挑战。一位日本成人酒后闹事,诬陷小主人公侮辱过他,迫使小主人公一家搬离自己国土内的住宅区。文中的中国巡官在判定此事时,一味地劝诫小主人公及家人,"对日本人应该客客气气,上头有命令,我们要同他们和睦。""万一伤了人家的一个指头,弄得兴兵动众,你就是十恶不赦的罪魁祸首"!① 小主人公一家被逼无奈地离开了自己的家园。在

---

① 圣陶:《邻居》,刊于《新少年》,1936年1卷5期。

小说中,成人尽显自己虚伪、软弱的劣根性,而儿童则站在成人的另一端,设法维护着战乱下难能可贵的情感与正义,故事收束之时,小主人公思念的却是自己的日本小朋友。"竟不能向他告一声别"。①通过对比和反衬,孩子单纯洁净的内心在虚伪懦弱的成人世界中得以彰显。在叶圣陶后期的儿童小说中,成人与儿童的对立关系,更承载了深刻的社会问题。叶圣陶的儿童小说,通过成人与儿童在理想追求、道德尺度、价值观念上的差异及对比,呈现了难能可贵的纯洁童心,并通过此,反衬成人世界道德的扭曲、精神的堕落,使得文本更具张力与思想深度。

此外,叶圣陶儿童文学中的童心意识,还体现在作者创作时,善于调动自己的童年经验与切身的儿童经验。儿童小说《马铃瓜》直接取材于叶圣陶童年时期参加贡院考试的真实经历,而《伊和他》《地动》,儿童诗《成功的喜悦》创作素材则来源于其长子叶至善的童年生活。在涉及小学生校园与家庭生活题材的作品中,如《一课》《义儿》《一桶水》等儿童小说,通过文本,我们能明显地感受到教师职业对其儿童小说取材、故事内容及人物构架的影响。

3. 佛心

以往研究叶圣陶的儿童文学,较易忽略佛心在文本中的体现。从叶圣陶早年书信、日记中,我们不难发现,叶圣陶的阅读涉猎极其广泛,在其少年与青年时代,对于

---

① 圣陶:《邻居》,刊于《新少年》,1936年1卷5期。

佛学经书已有较多的接触与研读。1911年,叶圣陶17岁,在他的日记中就有这样的记录:"近日《民立报》之杂录栏中载有《佛学剩言》一种。余迩来心乱如麻,安得遇一大哲学家为我解决余所难决之诸问题。"①在1913年的叶圣陶日记中,也出现了阅读《楞严经》及《大乘起信论》的记录;1914年,叶圣陶在日记中记下了阅览《佛学丛报》的事情,并谈到了自己较为满意的文言小说《佛胤记》。在叶圣陶早年生活中,《楞严经》和《大乘起信论》曾是其反复阅读的佛学典籍,在一些书信中,叶圣陶也曾记载过自己阅读或抄写佛经的事件与心得。1914年9月致顾颉刚的信里,叶圣陶曾说:"日来每晨临《化度寺碑》一百廿字,却须两点钟功夫;犹有余兴,则端楷抄《佛说阿弥陀经》一页,唯非常课也。"②叶圣陶对于佛学、佛教的关注与研习其实贯穿其长长的一生,不仅在早年就有对于佛学典籍的学习记录。成人之后,叶圣陶与丰子恺先生私交甚笃,并通过丰子恺先生先后结识了弘一法师与印光法师,与两位法师都有过佛学上的往来与交流,叶圣陶也曾经写作了《两法师》《弘一法师的书法》等多篇艺术散文。

叶圣陶佛心在新文学创作中的体现,首先表现在他对"无常"世界的参悟理解以及文学化的书写。《金刚经》曾言:"一切为有法,如梦幻泡影。"在佛学的理念中,万事万物都是处于变动之中并且休戚相关,而"无常"在佛教中指涉的是对人生命过程的智慧总结,后来被延伸至对

---

① 叶圣陶:《叶圣陶集》(第19卷),江苏教育出版社,2004年版,第26页。
② 叶圣陶:《叶圣陶集》(第24卷),江苏教育出版社,2004年版,第77页。

人生不定、命运颠簸等生命现象的一种喟叹,佛经中说:"诸行无常,是生灭法。"人能感受到生活的无常,而生命的无常、生灭变化却给人一种压迫与束缚。叶圣陶在文学创作中,特别是早期的小说作品中,极其关注社会底层人民、普通群众的生存状态,书写底层"灰色与卑琐"的人生,书写这些人生的悲剧命运,这也是问题文学中常见的创作模式,而这样一种生命现象,甚至瞬息幻灭的生命悲剧却是生命无常的写照。受剥削的工人、艰难生存的农民、穷困潦倒的知识分子、受到漠视的儿童、备受封建礼教戕害的妇女,他们对命运并非没有抗争,而即便抗争依然摆脱不了"刹那无常"的生存悲剧。刊发在《新潮》上的小说《这也是一个人》,发表在《晨报副刊》上的《母》《苦菜》及描写童养媳苦难生活的小说《阿凤》,这些个体形象所诉说的是一个群体的生存悲剧,在这样无常的世界中,自身的命运也被无形的黑暗势力所牵扯。《这也是一个人》中"伊"生命受控于公婆的手里,《母》中的"孩子"无法分配到母亲充足的奶水,《阿凤》中的童养媳被诅咒与劳苦包围,叶圣陶极力展现他们身上所受到的不公正待遇,并且通过个体在传统社群、群体、家族中的苦难境遇,来烘托个体生命的悲剧与生活的无望。在《杂阿含经》第474经中有说:"我以一切行无常故,一切行变易法故,说诸所有受悉皆是苦。"① 可见,生命的本质仍然是孤寂、困苦的,叶圣陶早期关注底层的新文学创作,在对世道人

---

① 《杂阿含经》,华文出版社,2013年版,第747页。

生、封建道统进行揭露与批判的同时，也表现了人生的刹那无常，以及因缘变化中难以转变的人生悲剧。

　　因为世事无常，人生不定，痛苦是人生摆脱不了的命题，在佛教中，广发善心，普渡众生，劝人向善，用爱来宽慰一切苦则能为人通往彼岸世界提供可能。"已于无量千万佛所种诸善根。闻是章句。乃至一念生净信者。须菩提。如来悉知悉见。是诸众生。得如是无量福德"。① 种植善根，以修福德，可以指引人逃遁黑暗的现世，离苦得乐，在叶圣陶的文学创作中，也有明显的向善与劝善的思想旨趣，正因为世间万物的"无常"，所以叶圣陶善于在文学作品中编织一个饱含爱与同情的世界，即使现实困苦已令人绝望，叶圣陶仍希望用爱与同情来感化世界、改造人生。这样的善念很多时候是在儿童身上被触发的，童心与佛心紧紧相连，在反映童养媳的问题小说《阿凤》中，尽管女主人公阿凤受到了极其不公的对待与身心的折磨，但当"伊"看到婴儿纯真的面庞、和美的笑容时，却觉得所有的劳苦都已疏远、遗忘。"伊只觉伊的生命自由，快乐，而且是永远的"。② 即使受到了诸多不公正的对待，主人公伊仍是怀抱着忍让、善念与爱去看待世界。文章末尾，主人公参悟到"世界的精魂若是爱，生趣，愉快，伊就是全世界"。③ 作者善于在灰霾无望的世界中建构一个短暂的爱的空间，并为其笔下的主人公守护这样一个

---

① 赖永海编：《金刚经·心经》，中华书局，2010年版，第140页。
② 叶圣陶：《阿凤》，刊于《晨报副刊》，1921年3月16—17日。
③ 叶圣陶：《阿凤》，刊于《晨报副刊》，1921年3月16—17日。

真善的空间，爱、生趣、愉快，是叶圣陶所希冀的理想世界，这样一种理想世界近乎佛学中的极乐世界，是参悟到人生终究是苦闷之后的另一种精神期待。

叶圣陶的爱与同情之心一部分来源于佛学的发心求道思想，另一方面，叶圣陶的爱与同情也是来自于儿童般的纯净初心，在儿童的世界中，众生是平等的，生命是受到尊重与肯定的。《一课》中小主人公对于小蚕的呵护、悉心照料与念想；《地动》里，明儿对于父亲所讲故事里捡来的孩子的同情；童话《眼泪》中，只有孩子肯为别人流下同情的泪水……同情是佛教劝化救助众生的思想与言说方式，叶圣陶在作品中表现的爱与同情，以及劝人向善有多重复杂的思想构成。这些在小说中被建构出来的爱的空间，是主人公得以逃遁黑暗现实，获得情感慰藉的避难所，也是作者对外在无常避难所的一种逃遁。

如何超越"无常"获得解脱，在佛教的学说中，远离尘垢，对万事万物的超脱，才能到达极乐净土。在叶圣陶的文学创作中，包括儿童文学创作中，也有表现对现世的无奈逃避，隐约遁世的思想，在童话《聋子与瞎子》中，呼唤拥有听觉与视觉的聋子与瞎子忍受不了凄惨的现实，终于掩住了他们的眼睛与耳朵，认识到人间的惨痛与生命的悲忧苦恼，希望逃遁悲哀的世间。在童话《祥哥的胡琴》中，祥哥拼命地练琴，得到的却是旁人的讥笑、挖苦与讽刺，祥哥只有远离都市喧嚣，来到自然中，才能找到知音，获得肯定、尊重与力量，而在自然中，山水鸟兽、一草一木可以开口说话，给予祥哥前行的动力，这样一种幻想空间,显然异于我们的现世时空。逃离无常的宿命,在精神上营造一个超凡绝尘的精神空间,是叶圣陶儿童文学中佛心文艺思想的体现,童话《小白船》,叶圣陶虚构了一个理想的世外桃源般的空域,在这里,只有远离现实的天真儿童和美丽自然的乐土,用作品中的话来说,这是一个"神仙的世界",在这里,一切是自然的、明净的,《小白船》所营造的是一个不同于现实世界的、美好纯粹的净土世界。

虽然叶圣陶早年就接触过众多佛学典籍,与一些佛门子弟私交甚笃,佛学显然影响了叶圣陶的世界观及文艺思想,但翻阅史料,我们能发现,叶圣陶并不是一个追求出世精神的人,他虽然喜欢研读佛学经典,也潜移默化地在作品中体现了其佛心思想,但其本人从学生时代起就密切地关注社会时局、追求变革,早年间叶圣陶也接触过社会主义的理论,并且从青年时代起,就积极拥护社会主义运动,在1919年写作的《吾人近今的觉悟》中,叶圣陶就曾表达:"我们欲改造世界,第一步先要铲除强权欲的冲动。我们恃自觉的奋斗精神,凡是和庶民主义、社会主义相背的,都要去反对他。"①叶圣陶儿童文学文本中所体现的佛心,去除了佛学的消极出世思想,把对理想的终极社会的追求与希望社会变革的社会主义追求统一起来,在文本中,呈现的也并非消极出世的一面,而是在展现人生无常、痛苦的本质的同时,寄希望群体能通过积极的反抗斗争,争取美好世界的到来。

---

① 圣陶:《吾人近今的觉悟》,刊于《时事新报·时评》,1919年5月15日。

综上，叶圣陶的诗心、童心、佛心在文本中有着不同的侧重，往往诗心引发了作者的童心，诗心、童心是对浪漫理想、自然和谐的艺术空间的探寻与追求，而佛心则是在这种探求失衡后，面对现实不得已所作出的调适与劝慰，诗心、童心看到的现世世界又有待用一颗虔诚的佛心去引领、超越。叶圣陶早期的儿童文学在文本中积极呈现明丽的童年风景，在面对悲哀的现实之时，试图用爱、同情孵化光明与希望，有着明显的理想主义色彩。叶圣陶诗心、童心、佛心的文艺思想使得其儿童文学作品呈现出不同的审美景观，也显示出多元融合、饱满包蕴的美学品质。

二、直面现实，关注人生：叶圣陶儿童文学的现实风格

作为问题小说的代表作家，叶圣陶的新文学创作主要倾向于写实主义。鲁迅在评价新潮社所涌现的诸位作家之时，认为"叶绍钧却有更远大的发展"。加入文学研究会之后，叶圣陶不论是在文学创作理论的倡导还是实际的创作实践上，都积极地回应与发展了文学研究会所倡导的为人生的文学主张。如果说叶圣陶早期的儿童文学整体上显示出童心、理想与浪漫的风格特征，那么其成人文学创作则凸显了叶圣陶写实、冷峻、严肃的一面。叶圣陶写实的创作手法，也逐步影响并渗透到了以童话、儿童小说、儿童剧本为核心的儿童文学创作中。现实风格的叶圣陶儿童文学创作，其主旨内容主要体现在揭露封建主义、帝国主义及资本主义的丑恶面，揭橥底层大众被剥削、欺凌、压迫的生活惨状。后期叶圣陶部分儿童文学,成人——儿童是双重的隐含读者,很多严肃体裁的现实创作,是借由儿童文学的艺术体式与表现方法,来暴露、呈现的。

关注人生,反映现实是中国现代文学的传统,著名海外学者安敏成在《现实主义的限制:革命时代的中国小说》一书中指出:"现实主义(写实主义)的到来,承载了最为深挚的文化变革的希望,在其后的岁月里,现实主义激发了大部分的文学作品的产生,它们一直被中国批评家认作是20世纪中国文学最辉煌的成就。没有其他任何术语决定的影响了中国的小说和批评。"①夏志清也曾在《新文学的传统》一书中认为:"新文学作家比古代文人更正视现实,关怀民间疾苦。"②现实主义的文学是折射与反映外在社会的通道,也为作者表达对当下的不满以及控诉社会提供了渠道,现实主义文本隐藏着作者对于现世社会的评介与声音。在"五四"时期,文学作为唤醒民众的工具,一定程度上承担了社会舆论的功能。叶圣陶现实风格的儿童文学,与其一直以来写实主义的成人文学创作是密不可分的。

叶圣陶早期新文学创作中的现实批判主题,以反封建为主要内容,叶圣陶反封建题材的作品,主要体现在反对封建制度、封建伦理观念与封建迷信思想上。1919年起,叶圣陶先后创作了《这也是一个人》《一个朋友》《苦

---

① [美]安敏成著,姜涛译:《现实主义的限制:革命时代的中国小说》,江苏人民出版社,2001年版,第46页。
② 夏志清:《新文学的传统》,新星出版社,2005年版,第39页。

菜》《阿凤》《遗腹子》等一系列反封建题材的问题小说,这些作品表现了封建思想、体制对于个体特别是对底层农民的戕害。叶圣陶在文艺创作领域显露出对农民、农村的感情是复杂的,一方面,叶圣陶了解农民的封建思想与传统陋习,深知农民是积年累月封建遗骸的继承者,同时也是封建思想与制度的受害者;另一方面,叶圣陶又出现一个和谐、宁静的农村田园空间,批判传统农业社会积习丑恶的同时,又在寻找理想的田园,希望回归田园般宁静自在的生活。"五四"启蒙运动,个人主义思潮与人道主义思想交辉,当个体的价值被进一步确立,传统遭到极大质疑之时,改变现状,构建理想社会就成为运动举旗人的愿景,而面对半殖民地半封建的中国,民主、科学、启蒙主义这些现代性思潮的推行不免受到封建道统、现实社会、政治生态等内外多层的夹击与限制。叶圣陶的文学创作中,体现更多的是对封建伦理束缚与异化的工业文明的质疑与不满,而和谐的田园,是他较为向往的理想世界。

　　田园是叶圣陶现实风格小说与童话的创作母题之一,从热爱田园、审视田园,再到对田园失去信心,叶圣陶对于田园的感情,经历了一个从饱含希望到彻底绝望的过程。童话《稻草人》展现的就是一个无论如何都难以拯救的悲哀田园,稻草人不只是无力知识分子的象征,也有着较为明显的宗教色彩,他想救助人间一切忍受着生命煎熬的劳苦大众,却无力改变这一切。在听到木桶中鲫鱼的哀求时,稻草人曾说:"我是个柔弱无能的人哪!我的心不但愿意救你,并且愿意救那个捕你的妇人和她的孩子,除了你,渔妇和孩子,还有一切受苦难的。"①叶圣陶认识到,依靠个体的力量自救于危急的社会,这样的实践其实阻力重重,在黑暗的外部世界夹击下,依靠自身进行自救甚至是不可能完成的神话。稻草人有着救世的强烈愿望,他想唤醒人们,救助人们,但作为一个不能言语不能行动的偶像,他和旁观者一样,只是苦难的见证者,却不能改变现实,当悲哀的现实呈现在他眼前的时候,他内心的爱与同情,只能让他徒增歉疚与自责。

也是从《稻草人》起,叶圣陶后期的创作童话逐步放弃了对个人力量的呼唤,放弃了爱与同情的创作路线,而越来越寄希望于集体的觉醒与行动的力量,来解决日益尖锐的阶级矛盾。依靠大众,希望行动的力量,成为叶圣陶后期现实风格童话创作的思想路线。从大的方面讲,这与大革命失败,"五卅"惨案,新文化运动的落潮给予叶圣陶精神的影响与打击有重要关系,复杂动荡的外在局势,让作者越来越认识到依靠个体的力量难以完成对社会的改造,必须毫不含糊地对压迫者进行顽强地反抗,通过集体坚决果断的行动才能换来生存的权利与空间,才可能获得胜利。童话《古代英雄的石像》《皇帝的新衣》《含羞草》《熊夫人幼儿园》等都直接体现了作者此时段的阶级观念与集体意识。在文本的情节编造上,叶圣陶注重依靠集体的力量,来反抗所谓的强权。在《古代英雄的石像》中,小石块最终团结一致将高傲的石像摔碎,碎石

---

① 叶绍钧:《稻草人》,刊于《儿童世界》,1923年5卷1期新年特刊号。

子被重新筑成了城市的马路;在《皇帝的新衣》中,残暴的皇帝为了封堵住市民激愤的声音,不惜屠戮民众,人民最终团结一心奋起反抗,撕破了皇帝虚伪的外衣;《火车头的经历》在结局的处理上,也是让反抗的学生突破了政府的阻挠,他们依靠彼此的力量,行驶着火车奔向目的地。质疑历史、破除偶像、瓦解强权,行动起来维护正义争取平等。"五卅"运动后,叶圣陶童话作品赋予主人公鲜明的行动力量。

  上面那石头故意让语声柔和一些,又用商量的口气说:"我想,我总比你们高贵一些吧,因为我代表一位英雄,这位英雄在历史上是很有名的。"

  一块小石头带着讥笑的口吻说:"历史全靠得住吗?几千年前的人自个儿想的事情,写历史的人都会知道?都会写下来?你说历史能不能全信?"

  另一块石头接着说:"尤其是英雄,也许是个很平常的人,甚至是个坏蛋,让写历史的人那么一吹嘘,就变成英雄了,反正谁也不能倒过年代来对证。还有更荒唐的,本来没有这个人,明明是空的,经人一写,也就成了英雄了。"

——《古代英雄的石像》[1]

  像这批人没有快枪、大炮、飞机、坦克等等东西,就叫"野蛮",有这些东西的,像带咱们来的那批人,就叫"文明"

---

[1] 叶绍钧:《古代英雄的石像》,刊于《中学生》,1930年1月创刊号。

——《鸟言兽语》①

"哈哈,皇帝没……"

"哈哈,皮肤真黑……"

"哈哈,看肋骨一根根……"

"他妈的,从来没有的新……"

——《皇帝的新衣》②

在《稻草人》之前,虽然面对黑暗的社会情状,叶圣陶在所建构的文学空间中对于未来还是抱有幻想与希望,童话《稻草人》宣告了田园理想的破灭,作者进一步认识到苦难命运一代又一代在田野上上演,底层人民无论如何都难以抓住幸福的缰绳。"五卅"运动后,田园的美好象征意义几乎在叶圣陶笔下消失殆尽,取而代之的是一幅幅惨痛的现实景象,在童话与儿童小说创作中,作者不再一味地寄希望于回归田园,田园不再是作者寄予乌托邦想象的理想空间,田园被赋予了更多的批判现实、揭露丑恶的意义。1929 年叶圣陶发表的童话《毛贼》,突出表现了田野上农民的迷信与愚昧,他们想要赶走蝗灾,却寄希望于神明的护佑,即使已被毛贼设计洗劫一空,也依然自欺欺人,高歌感谢神明的恩泽。童话《慈儿》中,慈儿发现被家族传颂的慈善家"祖父",其实是一个剥削压迫劳动人民的地主恶霸,并凭借此获得了最初的原始积累,慈儿才顿觉家族的野蛮与丑恶。童话《牧羊儿》中,牧羊的

---

① 叶圣陶:《鸟言兽语》,《叶圣陶儿童文学全集》(上卷),中国少年儿童出版社,2005 年版,第 369 页。

② 叶圣陶:《皇帝的新衣》,刊于《教育杂志》,1930 年 22 卷 1 期。

孩子和小白羊在找寻彼此的这段时间里，羊儿遭到无情宰杀，而当失去母亲的孩子再次来到羊场，等待他的却是空旷荒凉的田野与被辞退的消息。这些田园，已成为了形成阶级差别、等级差异，深藏着仇恨与对立的场所。

在后期的童话创作中，叶圣陶不再细腻地刻画或表现主人公的内心情绪、情感，逐渐放弃采用隐喻、暗示的方法来表达文学诉求，而是直抒胸臆，直截了当地呈现复杂尖锐的矛盾冲突。童话中的拟人、夸张、幻想等艺术手法，只是为了更加突出童话本身所反映的政治、阶级、社会问题。田园已不再是作者追求的诗意栖居所，更多地承载了批判现实的意旨。这昭示着叶圣陶的儿童文学创作经历了从守护理想到理想破灭的历程，叶圣陶的儿童文学创作观念也从向往田园，希望追求田园般和谐的生活，到进一步挖掘田园背后的阶级对立、矛盾冲突这样一个思想历程。田园成为了作者进一步挖掘社会沉疴、讽刺现实世相的对应物象。①

1925年之后，以童话为首的叶圣陶儿童文学创作，更加趋向于现实，依附于现实，幻想只是作为呈现现实黑暗与社会弊病的一种表现手法。作者自己也认为他后期的

---

① 在《毛贼》中，作者就直接抨击了农村社会的迷信，对于所谓神明的依赖与诉求使得农民越来越麻痹自身，即使明知道毛贼已经把整个村子都洗劫一空，仍寄希望于所供奉神明的护佑，这样的农民，这样的土地其实已经不堪一击。在童话《牧羊儿》中，我们发现，作者原本追求的田园般的诗意空间，到头来不过又是一个人间悲剧的发生地，母亲的死去，羊儿被屠宰转卖，自然的生态、生存、生活被突如其来的悲剧一个个摧毁，草场上再也寻找不到生机与祥和，成为了一片死寂与悲哀的象征。

一些创作"可能不属于儿童文学"。童话成为作者表达社会关切、参与社会舆论的一种方式,而非真正意义上基于儿童阅读接受的儿童文学。

三、叶圣陶儿童文学创作中的现代性情绪

从早期新文学创作起,叶圣陶虚构类的文学作品就有着不自觉的现代性情绪的萌芽。美国学者马泰·卡林内斯在《现代性的五副面孔》中提出了现代性所标榜的两种特征:一是现代社会将理性与效率奉为衡量一切的标准与圭臬,二则表现为"个人的、主观的、想象性的绵延,自我展开所创造的私人时间"。而先锋派所产生的现代性,"倾向于激进的反资产阶级态度,它厌恶中产阶级的标准,并通过极其多样的手段来表达这种厌恶"。① 叶圣陶新文学作品中的现代性情绪与"五四"以来文学作品中所追求的理性民主的社会现代性有所类似又有着区别。叶圣陶文本中的现代性情绪更多的指向了新兴城市中人性的冷漠、虚伪与孤独,工业文明下社会秩序与价值尺度的混乱及对资本主义制度的质疑与批判,更加贴近于现代性的指涉。这样明显地呈现个人隐晦情绪,孤独状态,反对异化社会中异化人与事的现实色彩的文学创作,在创作手法及艺术特征上,又与西方现代主义的文学创作模式偶合。现代中国并没有真正进入西方意义上的现代

---

① [美]马泰·卡林内斯库著,顾爱彬、李瑞华译:《现代性的五副面孔:现代主义、先锋派、颓废、媚俗艺术、后现代主义》,商务印书馆,2002年版,第73页。

社会,封建、军阀以及外来侵略势力混杂,一些试图改变中国的革新者为把社会转向现代化而作出的各种尝试并没有获得实质上的成功,但新兴资本主义的兴起,城市的车水马龙,工业文明的火苗,并非全然没有现代社会的影子。在现代社会对理性与效率的追逐中,社会生活中的个体难免出现孤独、荒凉、向内转的现代性情绪,在一些现代文学作品中都有书写与传达。在文学作品中,强调个体的主观情绪、心理与感受也是现代主义主要特征之一。瓦尔特·本雅明在《波德莱尔:发达资本主义时代的抒情诗人》一书中,指出现代社会的一种"忧郁"情绪。"在'忧郁'中,对时间的感受却超自然地得到了突出,每一秒都清晰地触发了对它的惊颤"。① 在蒂姆·阿姆斯特朗所著《现代主义:一部文化史》一书中,作者认为现代主义在风格上有主观主义的色彩。"现代主义者被困在一种孤独但充满感官刺激的梦魇中"。② 叶圣陶在很多小说中,捕捉到了现代人这样的隐秘情绪,善于展现这个异化世界中个体的生存情状。"五四"以来叶圣陶对个体的关注,不仅是展现在显在的外在悲剧性命运上,同时善于体察底层民众、小人物精神世界的隐忧与危机。短篇小说代表作《隔膜》,突出展现了现代社会下人与人心灵上的隔膜,个体与个体精神联系上的错位、脱节,作者营造了

---

① [德]瓦尔特·本雅明著,王涌译:《波德莱尔:发达资本主义时代的抒情诗人》,译林出版社,2014年版,第77页。
② [英]蒂姆·阿姆斯特朗著,孙生茂译:《现代主义:一部文化史》,南京大学出版社,2014年版,第65页。

一种心灵无所依托、难以建立信任的人与人的空间处境，在这里，人的沟通是无效的，而这样的冷漠与隔膜就在近乎于无事、甚至是热络的人与人的日常交往中。孤寂、荒凉、隔膜的内心体验是现代主义文学经常触及与呈现的主题。在《隔膜》中，主人公的心理与情绪走向是通过其主观意识与内心独白来完成的。主人公来到一个熟人空间，他周围坐满了宾客，他虽与众人寒暄热闹，表面热情，但此时的主人公内心独白是："我如漂流在无人的孤岛，如坠入寂寞的永劫，那种孤凄彷徨的感觉，超于痛苦以上，透入我的每一个细胞，使我神思昏乱，对于一切都疏远、淡漠。我的躯体渐渐地拘挛起来，似乎受了束缚。"①城市中的人们表面和善友好，内心疏远淡漠，主人公囿于自身的情绪里，无法与外界沟通。借助于外在狭小的空间，叶圣陶完成了对人内心荒凉存在感的呈现，外在狭小的空间与内在的心理空间形成了呼应，更加凸显了人物的孤独与荒凉之感。叶圣陶善于捕捉主人公个人意识与情感的流动，其现代主义风格的创作不仅着力刻画了个体内心的细微波动、情绪的走向，同时，注重以暗示、对比、反衬、映射等手法来展现现代人的真实生活情状与心灵困顿。1923年发表的短篇小说《孤独》表现了独居老人的孤寂生活，外在的声音、社会的喧闹把老人心底的无助与落寞衬托得更加明显，在这样一个世界中，个体总是被社会的洪流所遗忘、吞没。"身体被被袄和衣裳压得不能

---

① 圣陶：《隔膜》，刊于《京报·青年之友》，1921年3月16—19日。

动弹,只好僵僵地蜷着。四围是无边的黑暗和沉寂,好像那光明热闹的世界把他遗忘了"。①

叶圣陶文本中的现代性情绪,还体现在文本呈现的价值扭曲与道德异化的世界,这个世界的秩序、价值体系、伦理标准是混乱的,悲剧的情结与命运或多或少地体现在每一个人的身上。捕捉现代性的情绪,用于文学创作中,又让叶圣陶的一些作品具有朦胧的现代主义的萌芽。北京师范大学陈晖教授认为"中国现代主义从一开始就被分解为技巧,纳入现实主义和浪漫主义文学创作,以与现实主义、浪漫主义合流的方式存在"。② 同样,叶圣陶文学创作中的现代主义呈现也有着较为鲜明的现实基础。现代主义有着众多的流派及表现,以叶圣陶为代表的现代作家现代主义色彩的文学创作是显露于写实作品中的,有着鲜明的现实肌理。政治社会情势复杂的现代中国,现代社会是与半封建、半殖民的社会形态混合在一起出现的,现代中国并没有真正进入现代社会的社会形态中。在文学作品中,包括鲁迅、郁达夫、叶圣陶的新文学创作,却已经敏锐地捕捉到了这样一种现代性的情绪与气息,他们关注到现实世界的异化与压迫,他们看到了个体心灵的孤寂与无措。

叶圣陶不仅有表现处在社会中的个体内心荒凉、无措、孤独的作品,在很多作品中,叶圣陶直接展现了工业

---

① 叶圣陶:《孤独》,刊于《小说月报》,14卷3号。
② 陈晖:《张爱玲作品中现代主义的总体特征》,刊于《北京师范大学学报(社会科学版)》,2003年第3期。

文明中现代人的虚伪、懦弱、自私,以及社会上价值观念的颠倒,道德边界的模糊。在小说《潘先生在难中》里,学校教员潘先生在战时恐惧、愤怒、矛盾、焦灼的心理状态也是借助外在空间得以呈现,空间的辗转变化更加凸显难中的潘先生复杂的情感状态,也是借助于空间的调度,生活在这些空间里的众生,他们的自私与虚伪昭然可见。战争来临之际,大家都自顾潜逃,落魄潦倒,患得患失地卑微苟活,战争结束,大家齐聚一堂,万事太平,并邀请潘先生高歌颂德,尽显知识分子的卑怯与丑态,透过文末作者对潘先生题字的描写,我们也能略感一二:

潘先生觉得这当儿很有点意味,接了笔便在墨盆里蘸墨汁。凝想一下,提起笔来在蜡笺上一并排写"功高岳牧"四个大字。第二张写的是"威镇东南"。又写第三张,是"德隆恩溥"。——他写到"溥"字,仿佛看见许多影片,拉夫,开炮,焚烧房屋,奸淫妇人,菜色的男女,腐烂的死尸,在眼前一闪。①

"现代性"一词存在着多面的向度和多层次的内涵,在伊夫·瓦岱的《文学与现代性》一书中,作者就区分了两种现代性的概念。"一种进步、乐观,不断追求创新的现代性和一种失望、悲观,尤其指出了现代社会弱点和缺点的现代性"。② 叶圣陶文学创作中的现代性情绪,一方面,挖掘与展示了现代社会中人心的孤独、隔膜、无所依傍,另一方

---

① 叶圣陶:《潘先生在难中》,刊于《小说月报》,16卷1号。
② [法]伊夫·瓦岱著,田庆生译:《文学与现代性》,北京大学出版社,2001年版,第124页。

面,直接揭露与呈现了工业文明的弊病与缺陷。

叶圣陶现代主义色彩的文学创作也进一步延伸与发展到儿童文学创作上,其儿童文学作品中的现代主义色彩主要体现在以下几个方面:对资本主义与工业文明的警惕,对追求效率的社会中新的价值体系与标准的质疑。在童话《大嗓门》中,象征资本主义文明工厂的烟囱,所冒出来的浓烟,在作者看来却是"魔鬼的头发",工厂的汽笛,是残害众生、使得生灵涂炭的"大嗓门",新兴资本主义的到来,把原有和谐、静穆、安详的生活秩序打乱,这种扰乱平衡的新兴制度摧毁的,不仅是传统社会的宁静与安详,更是每一个活生生的生命个体,在童话中,老婆婆、婴儿、女郎是工业文明悲剧的承担者。对资本主义的质疑、批判,还体现在现代都市人的麻木冷漠、自私虚伪上,在童话《眼泪》中,主人公希望在城市里找到同情的泪水,但他找到的却是傲慢的赶车人、冷酷的工人和无情的屠宰者,在这样一个追求工具理性的社会中,作者把最后一丝善的光芒转移到了孩子身上,同情的眼泪终于在孩子的眼眶中找到,而孩子也被赋予改变现世生活和异化社会的最后一缕希望与动力。

叶圣陶对工业文明丑恶的揭露,很多时候是通过与传统农耕社会对比来实现的。在《克宜的经历》中,来自农家的孩子克宜,听人怂恿城市的美好,一心向往城市之旅,他在途中解救了被困的蜻蜓,蜻蜓赠与他一面可以看到将来的魔镜。可当克宜来到都市,发现自己想念的却是田野上的朋友,他更通过这面魔镜,看到了外表繁华的都市正在迅速地走向腐朽。在这座偌大的城市中,普通人瘦得"只剩下皮包骨头",病人的"腿和脚又细又小,就跟鸡的爪子一个样",而在剧院里,"男的吸着烟卷、女的扬着蘸透香水的手巾",克宜用魔镜一照,这些悠游自在的都市人在不久之后"脸上全无血色,灰白得吓人"。①作品的最后,克宜回到了自家的田地旁,沐浴着田野的微风,把在城市看到的当作一场噩梦,田野的花香、风儿、稻草、鸟儿也欢迎着他的归来。在童话《快乐的人》中,作者就通过安详融洽的自然田园,来反衬工业文明的污浊与颓丧。"人的聪明,只要听机器的声音,人的聪明,只要看机器在运行,机器给我们东西,好的东西"。②文中"快乐的人"在看到工业文明下的群众分食鸦片,过着行尸走肉的生活后,怆然死去。文章结尾说:"他并不是害病死的,有一个恶神在地面游行,要使地面上没有一个快乐的人,忽然查出了他,就把他的透明无质的幕轻轻地刺破了。"③在工业社会中,工具理性代替了人的伦理尺度,个人的生活无不被工具捆绑,追求效率与速度的路上,个人已经不复存在,面对惨状的"快乐的人",他生命的结束,同样标志着在现实面前,理想与未来的双重溃败。叶圣陶的一些文学创作,突出呈现了新兴城市中人性的冷漠、虚伪与荒凉,工业文明下社会秩序与价值尺度的混乱及资本主义对于工人阶级的压迫。这种明显质疑工业文明,反对

---

① 叶绍钧:《克宜的经历》,刊于《儿童世界》,1922年3卷8期。
② 叶绍钧:《快乐的人》,刊于《儿童世界》,1922年3卷7期。
③ 叶绍钧:《快乐的人》,刊于《儿童世界》,1922年3卷7期。

异化社会的现实主义色彩的文学创作,又体现了作者的现代性情绪;同时与揭露、批判资本主义罪恶,质疑理性与效率的一类现代主义文学,在创作理念与手法上有着多重的偶合与勾连。这种暗合了现代主义的文学创作,是以深切的社会批判为出发点完成文本的叙事之路的。

从具体的童话创作文本中,我们不难发现,叶圣陶对于现代社会与工业文明的思考,在他笔下,资本主义、工业文明已经显露了诸多问题与弊病,传统的文化文明、伦理道德、价值体系不复存在或面临着危机,这样的社会更是造成人与人隔膜、冷漠、麻木、自私的刽子手。叶圣陶早期的成人文学与儿童文学,表现了对这种失衡世界的担忧、诘问与反思,作者善于捕捉现代社会中个体的孤苦、矛盾和挣扎,他们情感的漂泊不定与内心的无所依傍。叶圣陶对现代社会中的人的内心情感、外在情绪与生活境遇的关注,对工业文明的警惕与质疑,使得文本呈现出朦胧的现代性情绪,也是对文学研究会"人的文学"在创作实验上所作出的延伸与拓展。应该认识到,叶圣陶作品中的现代性情绪以及一些隐约的现代主义色彩的文学创作是有着鲜明现实肌理的,从史料来看,叶圣陶并没有接触真正意义上的现代主义理论资源,却在创作中不自觉地呈现出朦胧的现代性情绪,与现代主义文学的创作技法、形态思想交叉偶合。

综上所述,叶圣陶的诗心、童心使得文本呈现出浪漫、轻盈的面向,叶圣陶的佛心在文本中体现为对生命"无常"的慨叹,对理想净土世界的追寻,使得其文学创作更多地关注现实社会,希望用爱、善心、同情来化解无情与痛苦,而不是追求绝尘出世的清净生活;而包括叶圣陶儿童文学在内的部分新文学创作,其对人主观情感、意识走向、困顿心灵的关注,及对资本主义与工业文明社会的审视与质疑,使得文本更多地呈现出朦胧的现代性情绪,与现代主义文学创作在思想、内容、模式技法上存在着多方面的偶合与勾连。但叶圣陶偏重呈现现代性情绪与问题的文学创作与西方的现代主义文学作品还是有着显著的区别,叶圣陶朦胧的现代主义色彩的文学创作是从中国实际问题出发的,是以现实批判为旨归的,有着鲜明的现实肌理与隐喻的变革社会的诉求。

叶圣陶儿童文学的实验创作,丰富了儿童文学可表现的内容与思想,使得儿童文学呈现出多样化、多形态的面向,中国儿童文学乃至当下不同品种不同风格的儿童文学大都能在叶圣陶儿童文学中溯源。叶圣陶所开创的不同童话的创作模式在后世都得到了发展与延续,可以说,叶圣陶是中国现代儿童文学当之无愧的奠基人,同时也开启了中国现代儿童文学真正的创作时代。

第二节 从理念到文本:叶圣陶的儿童文学教育

晚清以来对于教育的提倡,有着深切的社会功利目的。梁启超曾言"欲兴邦,必兴学""今日之学校,当以政学为主,以艺学为附庸"[①],教育的提倡与改革,与国家的

---

① 梁启超:《学校余论》,《梁启超变法通义》,华夏出版社,2002年版,第113页。

安危紧紧相连,而在"五四"之后的中国现代文学,也背负着启蒙、新民的社会责任。郭沫若曾在文章《儿童文学之管见》中指出"文学于人性之熏陶,本有宏伟的效力,而儿童文学尤能于不识不知之间,导引儿童向上,启发其良知良能……故儿童文学的提倡对于我国社会和国民,最是起死回生的特效药"。① 中国现代儿童文学的催生有着时代对于文本的独特诉求,与新的儿童观形成鲜明对比的是,儿童本位并没有成为现代儿童文学创作的主流,不论是对于儿童文学的倡导,还是对儿童教育的关注及实际的改革,它们的目的与功能都日趋一致,偏重教育本身而并没有顾及到真正的儿童接受,在这样违背艺术规律的创作中,想要获得品质上乘而又兼顾儿童性文学性的作品就显得两难。

一、文学、教育的冲突与融合

"五四"时期,叶圣陶的文学创作理念倡导尊重艺术创作规律,认为情感是创作最重要的质素。"文艺以情感为要素,情感不是可以悬拟或假借的"。② 在言子庙小学任教之时,叶圣陶曾记载给儿童讲童话的事件,并已经开始关注到儿童的阅读反应,"语涉新奇,则皆乐而静听"。叶圣陶在甪直五高担任小学教师期间,发现具有浓厚感

---

① 郭沫若:《儿童文学之管见》,《郭沫若集》(第十五卷),人民文学出版社,1990年版,第265页。
② 叶圣陶:《文艺谈》,《叶圣陶集》(第9卷),江苏教育出版社,2004年版,第37页、第32页。

情色彩的文学作品对于他们的天然吸引。"我选国文给他们读,各种性质和形式的文字都要选,而他们最喜欢富于感情的"。① 儿童文学应该贴近儿童的生活实际,并充盈着真切的情感,才能更好地激发儿童的阅读兴趣,这样的文学作品不是肆意的感情的流泻,不是滥情,叶圣陶在这里强调的感情是真切真实、高尚纯美、导人向上的感情。叶圣陶在《文艺谈》中谈及儿童文学创作时,曾极力否定儿童文学中的直接教训,"教训在教育上是个愚蠢寡效的办法,在文艺上也是个不甚高明的手段……真的儿童文艺决不该含有教训的质素"。②

叶圣陶是如何调和理论与实践之间的冲突的?研读史料,叶圣陶儿童文学与儿童教育理念一直处于动态发展的状态,且偏于感性经验的,同时,叶圣陶的育人理念也存在着不同的层次,叶圣陶儿童文学最初的倡导就与国文实际的教学目的相联系。在承认儿童文学的儿童性与文学性的同时,叶圣陶也认为儿童文学相较于其他课程资源,在激发儿童学习兴趣与想象力,发展儿童语言文字能力方面具有特别的优势。③ 在此基础上,用儿童文学作为国语教育资源,就不单只是给予儿童审美或情感上

---

① 叶圣陶:《文艺谈》,《叶圣陶集》(第9卷),江苏教育出版社,2004年版,第13页。
② 叶圣陶:《文艺谈》,《叶圣陶集》(第9卷),江苏教育出版社,2004年版,第37页。
③ 对儿童的文学创作的重视,也体现在执教时期,叶圣陶对于儿童的创作指导。叶圣陶的学生许倬曾回忆道:"叶老先生还在博览室的四壁开辟了诗文、书画专栏、英文通讯专栏,督促我们写生练笔。"商金林:《叶圣陶年谱长编》(第一卷),人民教育出版社,2004年版,第203页。

的影响了。用文学中真挚、深切的情感来感染、引领儿童的审美、道德建设与语言、文字的习得，激发儿童的自主学习兴趣，契合儿童理解与想象的作品成为了辅助国语教育的最好手段，而另一方面，叶圣陶认为教育者所要做的就是"顺了他们的天性，指导他们走上正当的轨道"。① 在他看来，应该针对不同儿童的个性与需求来进行筛选创作，而充满感情的儿童文学则会进一步培育儿童的情感，激发儿童的学习兴趣。

叶圣陶最初的儿童教育理想也是从儿童自身出发，尊重儿童的天性，注重个体区别，倡导因材施教。在《今日中国的小学教育》一文中，叶圣陶指出："一棵花，一棵草，它那发荣滋长的可能性，在一粒种子的时候早已具备了……不称职的种植家非但不能改良遗传性和环境，反而阻遏可能性，那么植物就糟了。"② 这一切的出发点都是认识到儿童作为生命个体的独立价值与意义，看到童年期对于人一生的意义与影响。对国语教材儿童文学化的呼吁，在民国时期，更有制度上的支持，民国时期，改革小学教育，重要的体现是课本对儿童文学资源的倾斜与侧重。在吴研因1923年起草制定的《新学制课程标准纲要 小学国文课程纲要》中，各学段的学龄儿童的学习内容涉及了童话、儿歌、剧本、小说、故事等不同的儿童文学体裁。纲要指出，国文教材儿童文学化的目的是要将学生

---

① 商金林：《叶圣陶年谱长编》（第一卷），人民教育出版社，2004年版，第203页。
② 叶绍钧：《今日中国的小学教育》，刊于《新潮》，1919年1卷3号。

"养成发表能力,并涵养性情,启发想象力及思想力"。①当年6月起,这份课程纲要实行,标志着儿童文学作为课程资源开始在小学国文课本中起到作用。1929年,吴研因等学者参与制定《小学课程暂行标准》,再次将儿童文学列入小学语文课程的重要教学资源。把"欣赏相当的儿童文学,以扩充想象,启发思想,涵养感情,并增长阅读儿童图书的兴趣"②作为教学目标。在现代国文教育改革的制度支持下,儿童文学的教育应用,日益成为现代时期教育者与儿童文学倡导者努力的方向,叶圣陶则是将儿童文学与儿童教育进行试验融合的先行者。

就儿童文学创作而言,叶圣陶不仅看重儿童文学的审美性,更注重儿童从文本到生活,从文本到社会的引导教育。作为教育家的叶圣陶,其儿童文学观念与实际的教育理想最初的目的是一致的。叶圣陶儿童教育的旨归是发展儿童本能,希望儿童成为全面发展、知行合一的理想公民,叶圣陶非常反对为读而读,为教而教的机械教育方式③,早年的叶圣陶在实际的教学经验中,已经看到文本的教育可能存在的缺陷,在《小学教育的改造》一文中,叶圣陶指出儿童知识的获得不应该只依赖读书。"读书

---

① 吴研因:《新学制课程标准纲要小学国文课程纲要》,选自张心科编:《民国儿童文学教育文论辑笺》,海豚出版社,2012年版,第42页。
② 吴研因:《小学课程暂行标准小学国语》,选自张心科编:《民国儿童文学教育文论辑笺》,海豚出版社,2012年版,第67页。
③ 在甪直五高任教时,叶圣陶自己出资,捐款兴建阅览馆和博览室。他认为:"读书只求记忆,没有研究的方法,没有试验的机会,那就不会切合人生,丝毫没有用处。"叶圣陶:《今日中国的小学教育》,刊于《新潮》,1919年1卷3号。

不过是种种学习方法中的一种罢了……要真收到知行合一的好结果,必须使儿童从实际中获得知识"。① 所以,不论在实际的教育教学中,还是在具体的儿童文学编创活动中,叶圣陶都非常注重引导儿童认识社会,参与实际生活劳动。如何从文本到社会,叶圣陶试图在学校中建立一个理想的社会模型。在《文艺谈》中,叶圣陶曾呼吁:"我又要请求为教师的,不要将学校成为枯庙,将课本像和尚念梵咒那样给儿童死读。你们可以化学校为花园,为农圃,为剧院,为工场……他们在里面有丰富有趣的生活,一面用你们的眼光选择很好的文学给他们读,不仅是读,且使他们于此感动,于此陶醉。"②叶圣陶重视课本学习与课外生活的联动与呼应,反对死读书的僵化教育观念,而在具体的教学实践中,他也是从学生的全方位发展出发。叶圣陶在甪直五高任教之时,与同在该校执教的吴宾若、王伯祥一起,进行教育改革,改革从课程设置、教材编写到外在的校园环境与硬件设施建设,各种学生课外阅读与活动实验室都在叶圣陶的热情呼吁下兴建了起来,顾颉刚在《〈隔膜〉序》中谈到叶圣陶在甪直五高进行教育改革的情形。"立农场,开商店,造戏台,设备博览馆……圣陶是想象最敏锐的,他常常拿新的意见来提倡讨论,使全校感受他的影响"。③ 通过模拟社会,给儿童提

---

① 叶绍钧:《小学教育的改造》,刊于《新潮》,1919 年 2 卷 2 号。
② 叶圣陶:《文艺谈》,《叶圣陶集》(第 9 卷),江苏教育出版社,2004 年版,第 33 页。
③ 顾颉刚:《顾颉刚全集·顾颉刚读书笔记》,中华书局,2010 年版,第 279 页。

供一个认识社会生活与外在世界的桥梁,引导学生从文本走向实际生活,让他们接触自然、了解社会,获得更广泛的知识与实际的动手、实践能力。叶圣陶1912年起开始担任小学教员,此后,他担任过小学、中学、大学的国文课教师,先后执教于苏州言子庙小学、上海尚公学校、吴县县立第五高等小学(甪直五高)、上海吴淞中国公学中学部、立达学园等中小学。叶圣陶小学教育的实践经验,也在后来的长篇小说《倪焕之》中有所体现与印证,倪焕之在与金佩章小姐探讨教育改革的时候曾认为学习与实践合一是新型教育需要努力的方向,而在学校开辟农场等试验园地,不仅能提高学生的实际动手与生活实践的能力,更是把这样的劳动艺术化了。①

二、文本中的教育声音

与早期儿童文学及儿童教育理念形成较大冲突的是,叶圣陶儿童文学创作,特别是后期的儿童文学更多地以现实为导向,充斥着成人话语,并不真正适合儿童阅读,一些作品也没有定位于儿童文学,尤其是"五卅"之后,在现实为导向的基础之上,文本说教、布道的气息浓重,部分作品脱离了儿童实际的情感需求与精神发展。20世纪30年代由中华书局出版的《小学生文库》丛书收

---

① 在叶圣陶的长篇小说《倪焕之》中,倪焕之曾谈道:"我们不能把什么东西给与儿童;只能为儿童布置一种适宜的境界,让他们自己去寻求,去长养。"叶圣陶:《倪焕之》,《叶圣陶集》(第3卷),江苏教育出版社,2004年版,第45页。

录了《蚂蚁的一群》《青蛙的园地》等极为少见的叶圣陶长篇儿童诗作。

《蚂蚁的一群》①

我要朋友,我要同伴……我找到了许多同伴/我们造了一所屋子/这屋子又深又宽/屋子的外面/堆成一座低低的山/住在这屋子里的一群同伴/做的工作不很简单/有的在家照顾小儿/有的在外面担任征战/有的只管造屋和做饭/我就是这部分里的一员/我们天天出门,必须成群结伴……大的东西不能独取/我们必须合力搬移/我们的一群/一刻也不能分离!

……

一切的东西,都搬回屋子里/一切的同伴,要吃都可随意/尽量地吃饱/不分老小,不问我和你/有吃不尽的/便分别藏起/逢到不能出去的日子/我们也不用愁着肚饥/我们的一群,原是一体!

《青蛙的园地》②

你们要欣赏春天的美景/最好也能够上岸一行……我们看见了一个忙的世界/展开在春天的太阳光里……蝴蝶和蜘蛛/蜜蜂和蚂蚁/全都忙着活动/一刻不停息/就是最懒惰的蚯蚓/也伸伸他的躯体/在我们的园地/一切都信奉劳动主义……明天的园地/或许是更忙更新。

---

① 叶圣陶:《蚂蚁的一群》,《叶圣陶童书》(第三册),海豚出版社,2012年版,第11~13页。

② 叶圣陶:《青蛙的园地》,《叶圣陶童书》(第三册),海豚出版社,2012年版,第22~30页。

叶圣陶注重儿童文学教育意义的实验创作，体现为文本中作者或隐含或明显的声音，使得文本具有复调与双声的性质。巴赫金曾在《小说理论》中认为一些文本中作者的话语与主人公的话语表现出不同意向。"一是说话的主人公的直接意向，二是折射出来的作者意向。这类话语中有两个声音、两个意思、两个情态"。① 叶圣陶教育风格的儿童文学创作中，也呈现出语言的混合、双声的审美特质，而潜藏着的作者的声音，意在对隐含读者进行教育引导与规训。

即使是早期叶圣陶童心色彩的创作如儿童诗《成功的喜悦》、童话《小白船》、儿童小说《一课》等，也有相对隐秘的教育意旨，潜在的作者的声音透过文本的直接叙事来呈现。特别是在后期叶圣陶明显偏向现实风格的儿童文学创作中，作者的话语已完全盖过了文本中角色的话语，偏于类型化与模式化。在后期叶圣陶儿童文学创作中，作品蕴含的主题很多时候都是借助主人公之口来呈现的。1928 年发表的剧作《风浪》，叙说的是众人与风浪抗争的故事，团结反抗、人定胜天是作品的核心主题，而文本中主人公的设计，不过是替作者发声的传声器。人物个性被共性特征所吞没，如女郎在面对风浪时的独唱："哪儿听见过命运的声音？/哪儿看见过命运的面貌……但是，我不信就此没救了。/我们个个有生命，/就得想法

---

① 钱中文主编，白春仁、晓河译：《小说理论》，河北教育出版社，1998 年版，第 65 页。

把自己保。/自己的权柄在自己手,/怎能让风浪压倒。"①剧作中,不同声部发出大体相同的情绪与声音,这些声音指向了对不公命运的反抗。各个角色的独唱,折射出来的众声齐唱,显在的作者声音稀释了文本的艺术品质。所有乘客和水手在女郎的感召下,都彻悟过来。他们齐唱:"男男,女女,老老,少少,/大家拿出力来,/合着伙儿对付这场风暴。"②剧作中,重要的角色失去了自我与个性,他们的声音并没有塑造自我,而是在反复的确认作者的意图,被明显的作者的声音压制,作者基于现实的教育主义意涵,在文本中通过不同声部得到了反复的确认。在另一篇儿童剧作《蜜蜂》中,作者劝慰劳动,提倡协作的主题思想的阐发,同样借助蜜蜂集体的齐唱来完成的。"慢快乐,且做工……辛苦功夫为大家,自己就在大家里……大家幸福大家乐,才是自己真福利"。不论是众声部的齐唱还是蜜蜂的独唱,他们所唱出的内容,以及透过所唱所说想要表达的功能趋于一致:向读者传达劳动的快乐与平均的理想。"我们把花蜜采,我们把房屋盖,/自己工作,自己生活,从没把别人侵害……我们且自工作,莫把春光放过了,/嗡嗡嗡嗡。/大家尽力为大家,这样生活最美好,/嗡嗡嗡嗡"。③在众声部的齐声呐喊中,角色

---

① 叶圣陶:《风浪》,《叶圣陶儿童文学全集》(下卷),中国少年儿童出版社,2005年版,第773页。
② 叶圣陶:《风浪》,《叶圣陶儿童文学全集》(下卷),中国少年儿童出版社,2005年版,第775页。
③ 叶圣陶:《蜜蜂》,《叶圣陶儿童文学全集》(下卷),中国少年儿童出版社,2005年版,第801页。

与角色的个性、功能更加趋同,叶圣陶此期儿童文学创作中的教育主义声音相较于早期的创作,更加直白与显露,在一些儿童小说的创作中,由于过多的教育元素与教育意涵的罗列、堆积,使得整个文本的艺术性受到了影响。

叶圣陶儿童文学创作中教育主义的呈现,还体现在作品中成人形象对于儿童的教导、规劝。寄托了成人从自身出发,对理想儿童的期待与改造。1924年发表在《儿童世界》的教育小说《菁儿的故事》,通过父亲向孩子传述,意在引导儿童从自身世界走出,看到现实生活,培养他们积极向上,热爱劳作的观念与品行。教育主义的声音在叶圣陶后期的儿童文学创作中运用显著,明显的教育主义倾向成为了叶圣陶儿童文学的标签。

叶圣陶的儿童文学是教育主义的儿童文学,文本中或隐或显的人物对话,旁白及叙事,彰显了教育主义声音,推动了教育意旨的生成。叶圣陶不同时期的教育主义儿童文学创作有着不同的内容思想与呈现方式,早期教育色彩的融入意在赞美童心,引导儿童向善向美,培养他们良好的品德与教养。中期创作现实感加强,文本的教育倾向更为明显,意在加强儿童的团结劳作的意识,形成自立、有爱、互助的美好品格。后期现实风格的儿童文学创作中的教育意图更加直露,《古代英雄的石像》之后的童话创作,过重的教育主义声音遮蔽了文本中的角色个性,削弱了儿童文学的轻盈感与愉悦感。"五卅"之后叶圣陶的儿童文学创作,明显的阶级意识与集体主义话语模式凸显在文本中,显在的作者的声音制约了文本艺术品质的传达,使得这时期叶圣陶的儿童文学创作趋于程式化,教条化。

执教时期,叶圣陶倡导以儿童为本位,侧重个体区别的儿童教育理念与儿童文学创作法则,在实际的教育教学工作中,追求教育的文学感染效果,追求文学的教育提升功能,重视文本,但又不囿于文本。在具体的教育主义的儿童文学创作中,显在的作者声音使得文本具有双声复调的特征,得以积极地传递教训思想,后期以现实为导向,说教意味明显的儿童文学创作悖离了儿童本位思想,迎合了主流文学话语,文本所彰显的是成人的思想与权力。

第四章　现代时期叶圣陶儿童文学的创作成因

第一节　时代语境建构的叶圣陶儿童文学观念

从少年时代起,叶圣陶对政治社会时局就有敏锐的触觉。在"五四""五卅"各个阶段中,叶圣陶都曾亲身或间接地投入运动,并试图用文字唤醒国人,从具体的文本中我们不难发现,时代风云的变幻对其文学及儿童文学观念存在着直接而又明显的影响。梳理叶圣陶在不同时期所秉持的儿童文学观念,能进一步了解叶圣陶儿童文学文本品貌以及风格转向背后的深层次动因。

一、"五四":儿童本位的现实悖论

在不同的时代语境中,叶圣陶的儿童文学观念也存

在着较大的差异，区别于周作人借鉴西方生物学、儿童学、教育学资源提出的儿童本位论思想，叶圣陶早期的儿童本位观念偏于经验式与感发式的总结，没有完备而又成熟的文艺理论与儿童文学理论模型。叶圣陶儿童文学创作观念与实际创作品貌转向的另一个原因，是外在政治社会情势的复杂多变，纵观叶圣陶的一生，我们基本可以肯定叶圣陶是一位积极入世关注时局的，具有高度责任感的文学家与教育家。包括叶圣陶在内的"五四"一代知识分子，文字是他们介入时局表达政见的方式，而文学一定程度上充当了引导舆论的作用。中国知识分子的士人文化传统强调干预历史、参与现实的责任与使命意识。叶圣陶是较为典型的被传统文化熏陶、滋养、成长的知识分子，从少年时期起，叶圣陶就密切关注着时局，在辛亥革命、"五四"运动、"五卅"惨案、抗日战争等关系到民族存亡的重大事件中，叶圣陶都发表过政见或亲身参与了各种民主运动。"五四"运动爆发后，在甪直五高工作的叶圣陶，撰写了罢课宣言，希望当局能释放被捕学生，并在甪直宣讲"五四"爱国运动。"五卅"之后，叶圣陶更是主持《公理日报》，接连发表多篇谴责文章，揭露当局的恶行与丑态。可见，叶圣陶是一个积极介入时局，寄希望用文字的力量感染教化大众，追求文学社会功能化的一个人，想让其创作的儿童文学完全脱离时代与社会，一味地追求纯美浪漫的想象空间，并非易事。

因为偏于感发与经验，叶圣陶的儿童文学思想较为松散，不具有较强的理论范型，这一点也能作为旁证，在日后的儿童文学创作中,叶圣陶并没有自始至终贯彻自己的儿童文学创作理念的原因。在实际操作与创作过程中,叶圣陶并没有完全遵循自己早期所倡导的儿童文学创作原则与方法,而是紧紧依附动荡的社会现实与主流的文学风向,越来越趋向于表现真实的社会与人生。叶圣陶曾经表达过"我不相信'小说做法',或指导思想一类的东西。一个作家,绝不会是先有了理论而后才有小说,而是作家在生活中观察、体验,发现了其中的这种意义,那种意义,逼使他非动笔不可"。① 总体而言,叶圣陶的儿童文学观念是紧扣时代主题,跟随时代语境变动而转变的,是不断发展修正的。

"五四"时期叶圣陶的儿童文学创作,就已经呈现明显不同的审美层次,一种以儿童为中心,贴近儿童的情感、认识与生活,这类作品大体遵循儿童本位的儿童文学创作原则,母爱、田园、自然等都是他笔下较多出现的素材与母题。小说《一课》《义儿》《小蚬的回家》,童话《小白船》《芳儿的梦》《新的表》,儿童诗《儿和影子》《成功的喜悦》等都是这一类型作品的代表。叶圣陶熟稔儿童语言、情感、生活习性,在这些文本中,天真、自然、充满儿童情态的儿童形象,细腻、灵动的儿童语言,真实、丰富、充满趣味的儿童生活,轻盈、温暖的儿童情感,让作品具有较为成熟的儿童文学艺术品质,适切于儿童的阅读接受。"五四"时期叶圣陶的儿童文学,很多作品是对崇老、尊

---

① 刘增人、冯光廉编:《叶圣陶研究资料》,北京十月文艺出版社,1988年版,第176页。

老,以老为本的落后伦理观念的反思与批判。《小白船》中的"小白船"是洁净、理想世界的象征。作者在开篇不久就谈到:"老人也不配乘这条船,老人脸色黝黑,额角上布满了皱纹,坐在小船上,被美丽的白色一衬托,老人会羞得没处躲藏了。这条小船只配给活泼美丽的小孩儿乘。"①在叶圣陶早期的文本中,所折射出来的是用树立童心、讴歌童年、赞美儿童来反叛旧世界的伦理、秩序。肯定儿童,是对旧体系的一种反拨,"五四"文学中新的儿童形象的出现以及对于儿童的赞美,都参与到毁弃旧世界寻找新价值的道路中来。叶圣陶最初的一些儿童文学作品,如儿童小说《一课》《地动》《小蚬的回家》,童年的价值、意义是与成人的世界划清明确的界限来得以体现与彰显的,确立儿童价值的同时,旧世界的伦理体系得以肢解、破碎。

"五四"时期,叶圣陶的儿童文学创作代表了发生期中国儿童文学创作的主流,叶圣陶是被"五四"新文化运动催生的第一批文学创作者,在国家危亡之际,叶圣陶儿童书写与儿童文学创作的另一类作品偏重现实原则,强调写实主义特色,这类作品同样涵盖了叶圣陶早期儿童文学的各种体裁。特别在叶圣陶早期的问题小说中,儿童形象承载了更多批判封建道统、揭露现实丑恶的文学功能,儿童的洁净与现实世界的黑暗形成鲜明对比,与其他问题小说作者不同的是,叶圣陶更加注重用儿童形象

---

① 叶绍钧:《小白船》,刊于《儿童世界》,1922年1卷9期。

承载对未来世界的想象,用他们心中的爱孵化渺小的光明。在儿童小说《阿凤》中,作者不只停留在刻画童养媳阿凤的苦难生活情状,而是注重刻画主人公不被现世污染的爱与同情之心,小说中"伊"只有抱着主人的女孩子的时候,才觉得生命是永远的自由与快乐,只有与小动物在一起的时候,"伊"才能忘记劳苦,作者在文末呼唤"爱""有趣""愉快"的世界的到来。儿童看到了世界的腐朽,但儿童又饱含着对世界的期待,这样的矛盾心理也是作家心理的一种影射,一方面,拿起笔来批判社会揭露丑恶,另一方面,看到黑暗现世之后又希望用感性的力量去等待一个美好未来的改变。在这些作品中的故事结局上,作者关照到了儿童读者的接受情感与心理,相信这个世界最终将被儿童纯洁的情感所感化,重新回复到新的秩序,而儿童在叶圣陶笔下则是人间最温暖、明净的所在,他们被作者赋予了重新建构社会秩序,用善与美感化众生的使命。

"五四"时期叶圣陶的儿童文学就已呈现出童心与现实相互叠映的风格与景象。在一些悲剧色调的作品中,情节的设计体现了对现实怀抱着希望,等待世界光明的情绪情感,如小说《阿凤》中女孩对光明温暖的痴想,童话《燕子》中燕子对母亲的等待,《大喉咙》中婴儿、女郎、老妪终于感化了大喉咙,从此过上了幸福生活。叶圣陶寄希望于民众能在纯净的儿童身上,感受到爱、同情与希望,试图用文字传递、表现爱与温暖,以达到疗救社会、感化世界的目的,具有理想主义色彩。需要注意的是,此期叶圣陶儿童文学中对于幸福的等待明显是被动的,是理想化的,甚至是以苦为乐的。

二、"五卅":儿童文学中的阶级思想与集体主义情绪

1925年5月30日发生的"五卅"惨案对于叶圣陶精神世界的触动是巨大的,"五卅"运动之后,叶圣陶以更加积极的姿态介入社会问题,在儿童文学创作中,叶圣陶笔下早期的田园、诗意与梦幻的图景逐渐地被作者弃绝,在故事结局的处理上,作者不再苦等、盼望一个理想的未来,而是坚决地与帝国主义势力、黑暗政治局势进行反抗、斗争,赋予主人公以行动的力量。"五卅"运动之后,叶圣陶的文学创作有了鲜明的转向,文学观念从反对封建思想制度、对大众进行精神启蒙,转移到反对帝国主义、号召大众团结一致的道路上来。同时,他更加迫切地追求文学的社会影响与教育功能。从提倡个体价值,转而开始重视、呼吁集体的力量,是此期叶圣陶儿童文学创作的突出特征。

"五卅"惨案爆发后,叶圣陶发起并主持了影响深远的《公理日报》,连续发表了《有交涉无调停!》《不要遗漏了"收回租界"》《援助罢工工人》《无耻的总商会!!!》等多篇政论文章,在文学创作上,散文《五月卅一日急雨中》《别人的话》,诗歌《太平之歌》《五月三十日》等都是直接以"五卅"事件为题材的作品,这些文章直面现实,控诉政府的昏聩恶行,讽刺官员与知识分子的自私软弱,痛惜国人的冷漠麻木。号召大家一致对外,共同团结反抗是这

些作品较为一致的思想主题。"五卅"运动后,叶圣陶以童话为主的儿童文学创作,更加注重对现实黑暗的挖掘、提炼,注重对不同阶级间矛盾冲突的刻画,积极呈现被压迫者的反抗行动。

鲜明的阶级观念与集体主义情绪是"五卅"之后叶圣陶儿童文学的创作特点。"五四"期间,文本中作为独立个体具有独特生命价值,饱含爱与同情之心的儿童,在"五卅"运动之后,更多地被塑造成反抗压迫的群体形象。叶圣陶曾在1926年3月发表的《致死伤的同胞》中谈道:"我相信世界上只有两类人,欺人的与被人欺……只有两类人,非此即彼,非彼即此,决没有徘徊于两类间的。"①叶圣陶对两类人的划分,实际影响了包括新文学创作的儿童文学创作,反映两类人的儿童文学创作在叶圣陶笔下并不算少数,童话《古代英雄的石像》《皇帝的新衣》《含羞草》《熊夫人幼儿园》《聪明的野牛》等,童话文本中鲜明的阶级立场和现实批判属性所指向的是被蒙蔽的真相,人与人之间不平等的地位关系,在创作思想上,质疑权威、解构中心,反叛偶像,颠覆传统的创作观念与思路,发挥了文学的否定性与批判性功能。法兰克福学派代表学者马尔库塞曾经谈道:"文学艺术本质上是异化,因为它维系和保护着矛盾,即四分五裂的世界中的不幸意识,被击败的可能性,落空了的期望,被背弃的允诺。由于它揭示

---

① 叶圣陶:《致死伤的同胞》,《叶圣陶集》(第5卷),江苏教育出版社,2004年版,第224页。

了人和自然在现实中受压抑和排斥的向度。"①用童话反映异化社会中人备受压抑的生存状态,群体在现实中的煎熬与痛苦,叶圣陶在"五卅"之后的文学创作发展了文学的否定与批判性质,更加注重文本对大众的教育与唤醒的文学功能。

图 10 刊于《中学生》创刊号的《古代英雄的石像》

　　田园的栖居,田园化和谐生活的旨归是叶圣陶早期创作中追求的一种理想境界,在儿童文学文本中,田园母题的创作也占据了重要的部分。小说《一课》着重表现了小主人公对于田园、自然的热爱与迷恋;童话《祥哥的胡琴》中,受到排挤、欺压的祥哥,只有在田野中演奏胡琴,才能感受到支持与力量;在童话《克宜的经历》中,田园母题直接表现为城市与乡野不可调和的对立冲突,作者意图用田园的自然、和谐反衬光鲜城市背后的污浊与腐朽,城市的溃败更加凸显了田园的价值;童话《小白船》《梧桐子》《燕子》等作品,都涉及田园意象。应该注意到,歌颂

---

① [美]赫伯特·马尔库塞著,刘继译:《单向度的人:发达工业社会意识形态研究》,上海译文出版社,2008 年版,第 50 页。

童心、留恋田园,作者并不是表现与渲染隐世、无为、宁静的生存境界,在文本中,作者寄希望于用辛勤的劳动捍卫田园的果实,来维护田园的和谐与清洁,在《一粒种子》《地球》《富翁》等童话作品中,都着力表现了不同群体在田野中选择勤奋耕耘与懒散怠惰的不同结局。田园寄托了作者对于美好生活的想象,而这种愿望必须付诸实际的行动才能取得。

相较于其"五四"时期,"五卅"之后叶圣陶的儿童文学创作不再留恋于田园、沉溺于童心,因为田园与童心在现实世界中得不到呵护,田园的摧毁、童心的消泯,让他清醒地认识到依靠集体行动、反抗的意义与价值。在此时期的儿童文学创作中,田园已不再是作者追求的诗意栖居所,更多地承载了批判现实的意旨。这同样昭示着叶圣陶的儿童文学理想的落空以及创作路线的转向,创作观念也从向往田园,希望追求田园般和谐的生活,到呈现田园上芸芸大众的愚昧与腐朽,进一步挖掘田园背后的阶级对立、矛盾冲突这样一个思想历程。田园成为了作者进一步挖掘社会沉疴、讽刺现实世相的对应物象。

叶圣陶儿童文学创作观念的转变,一定程度上代表了中国现代儿童文学思潮的转向。"五四"时期备受认可的儿童本位的儿童文学指导观念,在实际的操作中,不免遇到现实的阻力与障碍。一方面,复杂多变的政治形势与社会情势让作者不能沉溺于纯然的童年空间任意畅游,理想的栖居所很快被残忍的现实冲破,而叶圣陶一直以来关注时事,希望用文字的力量感染教育大众,文学创作是其表达对时事看法,教育民众的一个手段。文学在叶圣陶这里有着突出的功利意图。另一方面,叶圣陶的儿童文学创作并不拘泥于某种固定的路径、模式,在不同的阶段,叶圣陶儿童文学创作思想、理念,文本风格、品貌都有所不同,而越来越脱离儿童本位理论关照的叶圣陶童话,不仅与儿童本位论的儿童文学理念相去甚远,这些童话在创作之时就没有真正考虑到儿童读者的接受,童话的夸张、变形、魔法、象征、幻境、幽默的艺术表现手法与呈现方式,都用来为现实主题服务,也让儿童文学承载了更多的现实负重和宣教意义。"五卅"运动之后,叶圣陶多重风格的儿童文学创作逐渐趋于一元,文本承载了浓重的阶级观念、教训意义,审美性减弱,政治讽喻性增强。20世纪30年代起,以张天翼为代表的新一代童话作家,对叶圣陶所开创的现实风格的童话创作有进一步的继承与发展。

第二节　生平经历影响的叶圣陶儿童文学品格

在研究叶圣陶人生经历对其儿童文学创作的影响问题上,我们不能忽视叶圣陶三个重要的人生阶段,以及在这三个人生阶段上叶圣陶所处的身份位置:童年期的叶圣陶,他童年的文艺积累、文艺活动与文艺习得;24岁初为人父,也是叶圣陶儿童文学创作的爆发期,作为父亲的叶圣陶,与其儿童文学创作有着怎样的联系;作为教师的叶圣陶,通过长期的生活观察与教学实验,积累了丰富的儿童经验,熟稔儿童的心理、思维特点,这些人生经历对于叶圣陶儿童文学创作理念、文本生成以及艺术品质之间存在着怎样的影响,值得我们进一步探讨。

一、童年:文艺的积淀与初萌

童年生活与经验对其成长及今后生活有多大的影响,在弗洛伊德的《列奥纳多·达·芬奇和他童年时代的一个记忆》这篇文章中,作者指出:"童年记忆不是被固定在经验着的那个时候,而是在后来得以重复,而且在童年已经过去了的后来时刻才被引发出来。"①弗洛伊德认为人在成年之后,童年时期的经验会持续地得以彰显其能量。当然,童年期的记忆、经历并不能用来直接说明一个人今后的志业与生活选择,但童年的兴趣、经验与生活积累必然对一个人习惯的养成、品格、气质的形成起到作用,特别是在作家创作上,童年是一个无法规避的素材与母题来源。荣格曾在《人、艺术、文学中的精神》这部著作中提到:"我们早就知道,对艺术所作的科学分析将会揭示出艺术家有意或无意地编织在作品中的个人线索。"②

叶圣陶是典型的早慧型儿童,从幼年时代起,叶圣陶在识字、写作方面就已经显示出高人一等的天赋。童年时期的叶圣陶积累了丰富的文艺营养,从学生时代起,叶圣陶就用文艺的手段表达对时事的关切。叶圣陶童年时

---

① [奥]西格蒙德·弗洛伊德著,常宏等译:《论文学与艺术》,国际文化出版公司,2001年版,第128页。
② [瑞士]卡尔·古斯塔夫·荣格著,姜国权译:《人、艺术与文学中的精神·荣格文集》(第七卷),国际文化出版公司,2011年版,第112页。

期处于清末民初新旧政体与社会形态交替的特殊时期,儿时叶圣陶曾在传统私塾学习,之后又先后考入具备一定现代教学与管理模式的长元吴公立高等小学、苏州草桥中学学习文化知识。儿童时代,叶圣陶就已经经历新旧教育模式以及新旧社会形态的转

图11　童年时期的叶圣陶

换,这样复杂的社会背景及教育背景不仅让叶圣陶对教育、社会有更多层次的认识,更体现在其后来的儿童文学创作中。1905年夏天,叶圣陶被父亲叶钟济带去参加传统的县试科举考试,以此次科举考试为题材而创作的叶圣陶儿童小说《马铃瓜》,通过儿童的视角观察新旧社会形态的变更,呈现新旧交替中的社会景象,小说书写了新旧时代转接下的传统教育走向腐朽,新式学堂教育出来的儿童对于传统敢于否弃与反叛。传统学塾与新式学堂所代表的两类儿童的对立,隐喻了社会转型中新旧观念、体系的水火不容。小说中,儿童成为敢于破除迷信的行动者,大胆地反抗着所谓的偶像,象征着儿童是争取新世界、反抗旧思想的行动者。但儿童并不知道如何真正地获得新世界,作品中杜天王对于冒籍逃出学校而参加科举考试的同学一顿好打,带领同学将寺庙中的泥塑木雕砸得稀烂,也表示了在试图否弃旧世界追求新世界时热情有余而方法不足,对于未来的不置可否。这篇小说被德国学者顾彬誉为"肯定是20世纪中国最好的短篇小说

之一"①。《马铃瓜》还是一篇以儿童为本位的幽默小说,小说呈现了食物与游戏对于儿童的吸引,以及为此所形成的喜剧冲突,主人公"我"还有"杜天王"等不同个性儿童形象的成功塑造为文本增加了色彩。

除却将童年时期所经历的故事直接作为儿童文学素材,翻阅史料,我们不难发现童年时期的叶圣陶,阅读了大量的古代典籍和文学作品。

我对于文艺发生兴趣,现在回想起来,应该追溯到十二三岁的时候,在家里发现了一部《唐诗三百首》和一部《白香山词谱》。拿到手中就自己翻看,对于《三百首》中的乐府和绝句,《词谱》中的小令和中调,特别觉得新鲜有味。②

在创作白话新文学之前,叶圣陶曾创作大量的格律诗及文言小说,而在儿童文学创作中,我们能明显感受到选语用词、意境的架设、物象的选取都受到了古典诗词的影响。童年期间,叶圣陶接触并熟读了大量的典籍与中外优秀文艺作品,并通过此产生了文艺的兴趣,这也奠定了其日后文学创作之路的基石。③

---

① [德]顾彬著,范劲等译:《20世纪中国文学史》,华东师范大学出版社,2008年版,第68页。
② 叶圣陶:《杂谈我的写作》,《叶圣陶集》(第9卷),江苏教育出版社,2004年版,第224页。
③ 叶圣陶在私塾时期,已经接触到了《东方杂志》和《绣像小说》。在叶圣陶早年的日记中,我们能找到叶圣陶的阅读轨迹,叶圣陶的阅读面相当广泛与多元,经史子集、西洋史、英美作家文选,当时能买到的各种时政类报纸,乃至佛学经书典籍都是叶圣陶的读物来源。学生时代的阅读积累与文艺活动给予了叶圣陶充分的文学汲养,这不仅形塑了叶圣陶质朴、儒雅、温和的性格,更是奠定叶圣陶从事文学创作、传播乃至教育事业的基础。

叶圣陶童年时期文艺思想的初萌,以往学界较容易忽略叶圣陶的家学渊源与家庭教育的潜在影响。叶圣陶的父亲叶钟济嗜好说书,叶圣陶幼年时代曾被父亲多次带去各个场合听说书。叶圣陶在《说书》《听评弹小记》中回忆这段童年经历时,谈到他随父亲"听书"的经历从七八岁起一直延续到"十三岁进了学校才间断,这几年听的书真不少"。① 在商金林先生的《叶圣陶年谱长编》中,叶圣陶对父亲曾有如下的记载:"清明节出城扫墓、秋天到乡下看收租子时,路上看见一块匾额、一个牌楼、一座桥梁,总要把它的历史讲给叶圣陶听,回家后要叶圣陶按见次序写成一个单子,犹如日记,作写作的训练。"② 母亲在叶圣陶幼年时代多次教其吟唱山歌,"母亲教唱山歌。母亲识字不多,但知道的谜语、诗词、山歌特别多"。③ 而部分的山歌现在看来,却是非常适用于儿童理解与接受的民间童谣,包括《踏水车》《卖白果》《月儿弯弯照九州》等:

卖白果

烫手热白果,

香又香来糯又糯,

一个铜钱买三颗,

三个铜钱买十颗。

要买就来数,

不买就挑过。

---

① 叶绍钧:《未厌居习作》,开明书店,1935年版,第174页。
② 商金林:《叶圣陶年谱长编》(第一卷),人民教育出版社,2004年版,第15页。
③ 商金林:《叶圣陶年谱长编》(第一卷),人民教育出版社,2004年版,第7页。

踏水车

唞呀唞呀踏水车。

水车沟里一条蛇,

游来游去捉虾蟆。

虾蟆躲在青草里,

青草开花结牡丹。

牡丹娘子要嫁人,

石榴姊姊做媒人。

桃花园里铺嫁妆,

梅花园里结成亲。

在儿童文学没有自觉的年代中,民间故事与民间童谣填补了儿童精神成长中文化资源的短缺,并进一步培育包括儿童在内的地域民众的审美情趣。叶圣陶以此为来源,写作了散文《卖白果》、评论性质的理论文章《文艺作品的鉴赏》等。叶圣陶虽然出生平民家庭,家境清苦,但父母对其的成长、教育都颇费心血。父亲的说书,母亲的童谣为叶圣陶幼年时代文艺经验的获取与习得营造了良好的文艺氛围。

二、少年:在文艺与时事之间

升入现代中学之后,叶圣陶开始有专门、连续的日记写作,也是在此时期,叶圣陶开始接触阅读西方文学作品,并初步尝试了各类文学体裁的创作。叶圣陶接触过的西方作家中,美国作家华盛顿·欧文对其创作的影响最大。

中学里读英文,用的本子是华盛顿·欧文的《见闻杂记》和古德斯密的《威克斐牧师传》……那富于情趣的描写,那看似平淡而实有深味的叙述,当时以为都不是读过的一些书中所有的,爱赏不已……华盛顿·欧文的文趣很打动我。我曾经这样想过,若用这种文趣写文字,那多么好呢!①

作小说的兴趣可以说因中学时代读华盛顿·欧文的《见闻录》引起的。那种诗味的描写,谐趣的风格,似乎不曾在读过的一些中国文学里接触过;因此我想,作文要如此才妙呢。②

华盛顿·欧文是19世纪美国著名的游记与传记作家,《见闻札记》是其最负盛名的代表作品,是一部融合了评论、游记、散文、小说等文体的短篇作品集,富于田园风格与浪漫情调。华盛顿·欧文的作品在近代就已经被翻译到国内,最知名的版本是著名翻译家林纾所译的《拊掌录》,叶圣陶学生时代所阅读的版本并非林译版,而是原版的英文作品。《见闻札记》书写了大量的田园化生活,如《英国的乡村生活》等,并前瞻地预测了所谓的工业文明给田园化恬静生活可能造成的深重影响。在早期叶圣陶的各类新文学包括儿童文学创作中,田园都是叶圣陶文学创作的主要素材与母题,寄托了作者逃遁现世与建

---

① 叶圣陶:《杂谈我的写作》,《叶圣陶集》(第9卷),江苏教育出版社,2004年版,第226页。
② 叶圣陶:《藕与莼菜》,《叶圣陶集》(第5卷),江苏教育出版社,2004年版,第78页。

设和谐生存环境等多层思考,后期基于批判色彩的儿童文学创作中田园的消亡,田园般和谐空间的破产也是其重要的表现素材之一,在这些层面,叶圣陶受到了欧文作品显在的影响。写作风格上,细腻雅致的文笔风格是欧文行文的特点,叶圣陶洗练细腻的笔触对欧文的行文形式有所借鉴。学生时代的叶圣陶察觉到了传统的中国文学在表情达意、书写模式与文学趣味等多重方面相较于西方文学的落后,古代文章最大的弊端在于文章的老气横秋与了然无趣,缺乏新鲜感和真实的情调。通过阅读西方文学作品,叶圣陶也进一步地认识到传统语言与文学改革的紧迫性,以及向西方学习优秀文学经验的重要性。

中学时代的叶圣陶曾与好友顾颉刚、王伯祥、吴若宾等同学积极地参与各种文艺活动,1909年,15岁的叶圣陶便与顾颉刚、王伯祥等组织国学研究会。1910年春,叶圣陶又与顾颉刚、王伯祥、吴宾若等创立放社。1911年,叶圣陶创办报纸《课余丽泽》。① 中学时代,叶圣陶与好友共同组织文学社团,开展多样的文艺活动,进一步挖掘了叶圣陶文学创作、组织、编辑的潜能。顾颉刚从私塾、小学、中学至漫长的一生是都是叶圣陶最亲密的挚友,叶圣陶后来加入新潮社,积极地参与到"五四"新文学运动,皆与顾颉刚先生的推动有关。在顾颉刚的回忆中,中学时期

---

① 叶圣陶这样回忆这段往事"自己作稿,自己写钢板,自己印发,每期二张或三张,犹如现在的壁报;我常常写一些短论或杂稿,这算是发表文章的开始"。这份报纸主要刊登杂感、论说、翻译等作品,配有插图。

的叶圣陶就已经是"一个富于文艺天才的人,诗词篆刻无一不能;没有一件艺术用过苦功,但没有一种作品不饶于天趣。我在中学里颇受到他的同化,想致力于文学,请他教我作诗填词"。①

叶圣陶所出生、成长的年代正是中国政治局势急剧变动时期,叶圣陶少年时期就时刻关注着政治事态与社会时局。叶圣陶文学深刻的批判属性与鲜明的写实质感,与叶圣陶少年时代起紧密的关注国家安危、社会局势,并希望通过文字来传达与表现对时局的关注不无关联。叶圣陶在私塾学习之时"就常与同学在一起慷慨激昂地议论时事"。在中学时期,叶圣陶不仅在自己主编的《课余丽泽》上发表过时评,在其日记中,也经常出现对战争、时局的评论。少年时代的叶圣陶已经显示出敢于针砭时弊、揭露政府黑暗的勇气与担当,在得知四川总督镇压争路群众,造成惨案时(1911年"成都血案"),叶圣陶怒斥:"伤哉我同胞,何以丁此世而罹此凶哉!要知此不良之政府,此万恶之政府,此犬羊之政府,断乎其不可峙矣!"②中学时期的叶圣陶还曾参与过反对列强、提倡国货的爱国游行,他那时的日记、诗词中已经出现较多对于国家政治时局的认识见解,抒发了对帝国主义列强的愤恨与不满。

我上小学的时候,列强瓜分中国的局势已经摆开。章伯寅先生教育我们说:要爱国就得先爱乡土……要爱

---

① 顾颉刚:《古史辨自序》,河北教育出版社,2003年版,第65页。
② 叶圣陶:《叶圣陶集》(第19卷),江苏教育出版社,2004年版,第231页。

国就得先晓得我国的自然地理、历代英杰……每逢礼拜天,我总与元善、颉刚等同学在一起……谈苏州的人物地理,谈"天下兴亡、匹夫有责"。①

童年时代叶圣陶就抱有爱国、救国的热忱之心,学生时代的叶圣陶对时事有敏锐的触觉,并通过文艺的手段,参与时事,介入舆论,为普罗大众呼喊,这也可以看作叶圣陶日后主要从事现实主义文学创作,试图用文学关照现实与人生的一个来源。叶圣陶对历史、国家、社会等现实问题的深切关注是贯穿终生的,从叶圣陶学生时代的各种经历,我们可以看到叶圣陶文学观念的思想基础、汲养与渊源。

三、青年:童心主义与教育风格的生成

1. 初为人父时期:"童心"的另一种来源

叶圣陶早期的一些儿童诗、儿童小说与童话创作都传达了明显的童心精神,秉承着以儿童为本位的儿童文学创作理念。探讨叶圣陶童心色彩的儿童文学创作,我们同样不能忽略作家个人生活经验的驱动力。1916年,叶圣陶与时在苏州大同女子中学任教的胡墨林女士结为连理;1918年4月,长子叶至善出生,初为人父的叶圣陶,此时是甪直五高的小学教师,这一时期,叶圣陶摒弃文言,开始尝试用白话文从事新文学创作。从1921年起,叶圣陶开始了连续的童话创作,1923年童话集《稻草人》出

---

① 刘增人、冯光廉编:《叶圣陶研究资料》,北京十月文艺出版社,1988年版,第175页。

版,为叶圣陶在儿童文学事业上迎来了极高的声誉。王哲甫先生曾在《新文学史料》中指出:"叶氏以做父亲的地位、慈祥的心情,写出来(儿童文学)自然较胜一筹。"① 这是最早有关其儿童文学创作与其父亲身份关联的记录。初为人父之后,叶圣陶创作了儿歌、儿童诗、儿童小说、童话等在内的较为可观的儿童文学作品。叶圣陶初为人父的父亲身份,以及其对于孩子深切的情感投注,是叶圣陶注重刻画与展现童心的一个基础。在实际创作上,通过史料,我们也能发现叶圣陶早期的诸多儿童诗、儿童小说、童话作品与其长子叶至善之间的渊源。

图12 叶圣陶和夫人胡墨林1920年于江苏甪直

父亲身份给予了叶圣陶丰富的儿童文学创作素材及灵感,在叶至善2004年出版的长篇回忆散文《父亲长长的一生》中,谈到作为父亲的叶圣陶早期多个儿童文学作品来源于自己的童年生活。1920年,表现舐犊之情的叶圣陶儿童小说《伊和他》,取材于妻子胡墨林与长子叶至善的亲身故事。另一篇儿童小说《地动》,真实再现了儿童

---

① 王哲甫:《中国新文学运动史》,上海书店,1986年版,第158页。

真挚纯净的心灵与感情,叶至善曾在书中说明"那篇小说的主人公,父亲也是比照着我写的,说我才两岁半,每天吃过晚饭就缠着他讲故事。他随口编,我都当成真的,听得津津有味。"①初为人父的叶圣陶,创作儿童文学作品之时,通过做父亲的切身经验,观察到儿童的语言、行动,并善于表现儿童丰富而又直露的情感,在具体的儿童文学创作上,儿童的语言、行动及深切的心理描写都拿捏得准确、突出。父亲身份不仅给予了叶圣陶对儿童在情感上的倾注、情态上的关注及细节描写上的雕琢,作为父亲的叶圣陶,在一些作品中,也注意到了在文本中融合正面的教育引导,如儿童诗《成功的喜悦》,这首诗中出现的儿童原型就是叶至善,诗作不仅展现了儿童纯真的情态,细腻地还原了儿童的心理、情绪与动作,还传达了这样的家庭教育理念:家长应该培育、发展、引导儿童的本能欲求,而不是阻挠、干涉儿童天性和自我力量的发展,让儿童在自己的探索、试炼中获得纯粹的快乐与成功的享受。②

叶圣陶初为人父的身份,给予了他对于儿童更多情感上的投注,此阶段儿童文学创作与其作为父亲的真实心境、感受密不可分,叶圣陶善于调动自身最真切的儿童

---

① 叶至善:《父亲长长的一生》中作者指出本文中的"伊是我母亲,他就是我"。江苏教育出版社,2004年版,第67页。
② 意大利儿童教育学家蒙台梭利曾在《童年的秘密》中倡导"父母不是儿童的建设者,而是守护者"。作为父亲的叶圣陶,给予叶至善便是这样爱的守护与积极的引导,并借助儿童文学展现了洁净的童年风景,融入了其对于儿童的观察与对儿童教育的思考。[意]玛丽亚·蒙台梭利著,梁海涛译:《童年的秘密》,上海人民出版社,2007年版,第236页。

观察与儿童经验,注重在文本中呈现儿童本真的情态、情绪、情感,使得文本更加具备真实度与感染力,贴近儿童生活实际,儿童化的语言、举止、情态与生活情境的展现都显得真挚、自然。初为人父,对于儿童的热爱,是叶圣陶儿童文学在此时段呈现出鲜明的童心色彩的另一重要原因。

第五章 中国儿童文学的现代性诉求及叶圣陶儿童文学的代表性意义

第一节 现代中国童年想象与儿童书写

一、启蒙思潮影响下的童年想象与儿童书写

思想的启蒙是文学启蒙的第一步,文学启蒙又承载

着思想启蒙的诉求。① 中外对于儿童的发现,新的儿童观的建立及其对于儿童教育与儿童文学的重视,都经历过

---

① 启蒙现代性的特征之一就是批判与否定固有价值体系,科学、理性、民主标志着与传统时代价值的根本对立。在众多"五四"新文学作品中,表现背弃、否定、反抗、批判精神的文学创作一直是新文学初期的创作主流。柄谷行人曾在《日本现代文学的起源》一书中谈到:"现代文学就是要以打破旧有思想的同时以新的观念来观察事物。""五四"新文学中启蒙思想体现在不仅是对传统价值的背叛,更是对现世社会污浊与黑暗的批判,郭沫若在《凤凰涅槃》中以彻底的否定自我、毁弃自我、燃烧自我中锻造新我、铸就新我、歌咏新我,希望光明、自由世界的到来,个人主义与理想主义情绪在诗作中帮助作者完成了旧时空的告别,新时空的建设。"五四"新文学所体现的启蒙精神首先表现在新文学对个人、人性的关切;在《人的文学》中,周作人提出要"以人道主义为本,对于人生诸问题,加以记录研究的文学,便是人的文学"。人生诸问题加以记录研究,"五四"时期的文学除却高扬启蒙精神,强调个人主义与人道主义,更具有引发舆论的功能指向,在这一层次上,文学研究会诸成员的问题文学创作承继了《人的文学》的理念,诸多文本以具体的社会问题为切入点,呈现普通底层民众的生存困境,挖掘人的受制受控地位,呼唤个体意识的觉醒。"五四"新文学,不论是译作还是创作,启蒙主义思想是显在的存在在各种文本中的精神引领。1918 年 6 月 15 日《新青年》杂志的《易卜生专号》上,刊发了轰动一时的易卜生剧本《娜拉》,剧作中,娜拉不满丈夫海尔茂的虚伪,果断放弃家庭,向未来勇敢出走,契合了"五四"时期茫然的青年们渴望逃离藩篱、渴望通过寻找自我进而寻找新生活的理想。"现在我只信,首先我是一个人,跟你一样的一个人——至少我要学做一个人"。娜拉敢于扫清前行的阻碍,跳脱旧文化与旧伦理的约束,大胆地觉醒与出走,具有个人主义的示范意义。"五四"时期一些作家的文学书写受到了西方模式的影响,注重挖掘传统社会的腐朽与蒙昧对个体造成的深重伤害,以赋予笔下主人公坚定反叛的行动能力,引发伦理价值上的冲突,使他们走向解放、自由、理性。包括儿童文学在内的很多译介作品所承载的启蒙思想体现在,这些外来作品的核心内容直指昏聩、糜烂、堕落的社会,从文本中寄予否定现实否定过去维度,肯定自我生命与理性的价值,影响国人的意识的觉悟与苏醒。

启蒙主义①思想的洗礼。在中国,儿童是在"五四"运动启蒙思想者在对旧伦理的挞伐声讨中解救出来的新群体,在儿童身上被赋予了"新人"的寄托,儿童也承担着民族发展、社会崛起的重任。"五四"启蒙运动时期,童年文化的一个重要特征是,儿童崇拜成为了一时的风潮。启蒙一方面是变革旧社会的秩序,另一方面是对新世界的追求,而儿童、童年般纯净、清洁的空间则是承载新世界想

---

① 启蒙运动(The Enlightenment)一般指的是17世纪开始,在欧洲兴起的由理性精神主导的反封建、反教会的资产阶级文化解放运动。启蒙运动宣扬民主、博爱、权利平等、个人自由等核心思想,反对专制、独裁与特权。启蒙思想者卢梭在《社会契约论》中提出了天赋人权、生而平等等核心理念。启蒙一词后来被衍生为反对封建专制,提倡个人权力,代表科学、民主、和平、博爱理念的代名词,以此来区隔传统的价值观念及社会准则。康德在受访《柏林月刊》答复什么是启蒙时,提出启蒙时代区别于其他时段的标志是"可以将现在表述为属于这个世界的一个特殊时代。它通过某些内在的特性区别于其他时代,或者通过某些悲剧性事件与其他时代相分离"。福柯后来在《什么是启蒙》一文中解读康德的回答时认为:"启蒙的特征是一个将我们从不成熟状态下解放来的过程。当对理性普遍、自由、公开的运用彼此叠加在一起的时候,启蒙才会出现。"相较于西方的启蒙运动,中国在晚清才有了启蒙及其相关运动的萌芽,并在军事、政治、文化、思想、教育等多个领域实行着制度化变革的尝试。启蒙时代在中国的真正到来并形成运动是在"五四"前后,1915年《青年杂志》创刊,在陈独秀撰写的《敬告青年》中,作者试图用自由、进步、进取、实利、科学的全新价值观念冲击束缚国人精神的封建观念。1919年5月4日起,全国范围内掀起了以学生为主导的大规模的反帝爱国主义运动,巴黎和会的惨败,内外交困的时局,政治事件上的"五四"运动使得文化上的"五四"运动加速发酵。"五四"新文化运动的领导者借助西方启蒙运动及现代性的理论资源,高扬民主与科学的旗帜,呼唤理性精神的复归与人主体性的觉醒,坚决地反对封建礼教,意在与过去时代的价值观念决裂。用文学来传递、承载启蒙精神,晚清以来西方文学作品的译介与引进就已经作了先行尝试,到了"五四"前后,不论是成人文学亦或是儿童文学的译介与传播活动,都有着更加鲜明的启蒙色彩与姿态。

象的对应物。儿童崇拜有着深刻的思想文化内涵,儿童是被发现的新事物、新风景,对童心的崇拜与肯定,是传统伦理道德受到冲击重新刷洗后,对以老为尊的传统伦理的反叛。现代文学中的童年想象与儿童书写,在承载启蒙思想的同时,也为成人作家找到了一个疏泄愤懑、逃遁现实的出口。

在中国,童心有着独特的文化渊源,明代思想家李贽认为"童心"所指向的是本心、真心。他在《童心说》中指出"失去童心,便失去真心,失去真心,便失去真人"。① 在李贽这里,童心与所谓的"闻见道理"是针锋相对的,童心是人的本性、本源,也是衡量一部作品是否具有真挚情感的重要标尺。

"五四"时期,受启蒙思想影响,童心受到推崇。冰心曾在《繁星》中写道:"万千的天使,要起来歌颂小孩子;小孩子!他细小的身躯里,含着伟大的灵魂。"②作为精神抚慰,在冰心这里,童年是抒发个人情感、稀释病痛与思乡愁苦,寄托对母爱、自然关照的情感对应物,在童年的抒怀中,作者找到了面对艰辛困苦生存下去的精神动力。"造物者——假使在永恒的性命中只容有一次极乐的应许,我要至诚的求着:'我在母亲的怀里,母亲在小舟里,小舟在月明的大海里'"。③ 童年对于冰心来说充满着巨

---

① 李贽:《童心说》,《李贽全集注》,社会科学文献出版社,2010年版,第421页。
② 冰心:《繁星》,《繁星·春水》,人民文学出版社,2003年版,第36页。
③ 冰心:《春水》,《繁星·春水》,人民文学出版社,2003年版,第132页。

大的精神能量。值得注意的是，冰心的童年书写，并不是一个向前探索与发展的走向，而是一个不断向后回望向记忆开垦回溯的过程，但对过去的过度留恋，很难创造出一个理想的未来世界。于是童年成为了"梦中的真，真中的梦，回忆时含泪的微笑"①。也似乎象征着：儿童的世界可以抚慰受挫的成人心灵，却无法给恶劣艰险的现实提供一条通往理想世界的路径。

童年想象，儿童书写，是现代文学中常见的内容与模式，很多时候，童年的书写是总是与独特的地域联系在一起，书写童年、故土，一定程度上代表了现代文学的怀旧主题。怀旧并不是肯定过去时代的价值，怀旧中的童年书写，所寄托的是一种童年的精神与价值：简单、纯美、洁净，人性中最基础的纯良与美善，是人之所以能延展生命的所在。它所指向的是与现世世界截然不同的价值准绳，在这里，童年是向着理想生活前行的燃料与动力，也是反躬自省的一面镜子。丰子恺在《从孩子得到的启示》一文中说："孩子能撤去世间事物的因果关系的网，看见事物的本身的真相。他是创造者，能赋给生命于一切的事物。他们是艺术国土的主人。"②新文学作家对于儿童、童年、母爱、自然的热情书写并不是一个孤立的创作现象，用茅盾评价冰心先生的话来说，这个时段诞生了一大批"犹有童心的大孩子"。

---

① 冰心：《繁星》，《繁星·春水》，人民文学出版社，2003年版，第36页。
② 丰子恺：《从孩子得到的启示》，《华瞻的日记》，海豚出版社，2013年版，第23页。

怀旧中的儿童书写总是与故乡的记忆联系在一起，对童年的回望总是与故土相关，冰心的《寄小读者》，作者想象了一个与自己对话的儿童主体，来完成自己在异国他乡对母爱、故土、故国之情的思念与感怀。一部分作家的作品，如周作人的《故乡的野菜》、丰子恺的《忆儿时》等，从自身的经验与回忆中追怀童年，这里的儿童书写是作家寄托童年、故土思念，舒展自我情绪、情感的文学对应物。冰心、俞平伯等作家在回忆与想象中，完成了文本中童年王国的建设。虽然他们异常清楚"至于童心原非成人所能了解的，且非成人所能回溯的。忆中所有的只是薄薄的影罢哩"。但"即使是薄影吧——只要他们在刹那的情怀里，我不禁摇撼这风魔似得眷恋"。[1]

发生期儿童文学写作依托于成人的童年回忆，将自身的童年经验转化为儿童文学的文本，在这里，童年是一个得以慰藉心灵，激发能量，甚至烛照人生的镜面。童年情结是每一个成人或多或少所带有的，在中国现代文学初期的创作文本中，童年的世界是远离苦难与异化的世界，是最干净、纯粹、美好的世界。"宝宝你睡罢，妈妈为你摇着梦境的树，摇下一个小小的梦儿来。宝宝你睡罢，妈妈为你拣两朵紫罗兰，送灵魂儿到你笑窝里来。宝宝你睡罢，妈妈为你留下些好辰光，你醒来，月光送你的父亲来"。[2] 成人作者在作品中将儿童化的生活抽绎为简

---

[1] 俞平伯：《〈忆〉自序》，《忆》，海豚出版社，2012年版，第5页。
[2] 赵家璧主编：《中国新文学大系·诗集》，上海良友图书印刷公司，1935年版，第116～117页。

单、纯美、快乐的乐土。"月儿,月儿,你来,我们欢迎。我们跳舞你看,我们唱歌你听"。① 从回忆中摄取能量,找回童年的影像与片段,是最为便捷的书写童年的方法。儿童文学中细腻的情感、飘逸的想象得以调和与纾缓成人文学的沉郁、庄重。儿童的出现,童年的书写与感怀,一定程度上寄托了成人文学在反抗、批判、重估一切价值而又没有找到通向未来理想世界道路的出口时,所给予他们的精神慰藉与短暂休憩。

儿童书写有时也指向着批判、反思与自省,具有明显的启蒙意味。鲁迅的《风筝》是对成人愚昧干涉儿童游戏权利的警告,然而,在文本中,曾经被自己捉弄的孩童长大之后却全然忘记自己的权利曾经受到过侵害,这样的遗忘何尝没有折射出人对于自我觉醒、自我权力的被动与轻视。在鲁迅这里,童年、故乡是反映与折射现世社会、成人世界愚昧、堕落、异化的参照物,有明显的批判色彩。另外一些创作,与"五四"启蒙精神遥相辉映,在对童年的热情讴歌中,也进一步完成了成人对儿童身体与身份的确认,以及独立人格的体认。一些作品中的成人作者,更将自己视为为儿童生命与权力发声的一个传声器。"睡了的小草,如今苏醒了! 立在太阳里,欠伸着,揉他们的眼睛"。② 对于被唤醒的儿童,作家替儿童传达出他们的声音。汪静之的《疑问》中,小孩迫不及待地对上帝喊

---

① 顾绮仲:《月》,刊于《儿童世界》,1922年3卷7期。
② 赵家璧主编:《小草》,《中国新文学大系·诗集》,上海良友图书印刷公司,1935年版。

道:"我也要飞啊……我也要唱啊……我要开得像朵儿花啊!"①为儿童的觉醒、独立发声,是成人想象儿童、塑造新人,传递启蒙思想的一种文学表现方式。

二、想象儿童的成人经验

不论儿童文学如何真切地反映儿童的生活与精神世界,其主要书写者与话语权毕竟在成人手中,成人无法真正地回到童年时代或走进儿童的生活世界中,成人对于儿童文学的写作更多的是凭借自身经验与想象来完成的,儿童文学不可避免地承载了成人的品味、兴趣与愿望、权力。历史上,儿童文学的出现与成人对儿童教育及儿童阅读的重视密不可分,中外儿童文学文本,特别是初期偏重对于儿童施加教育与影响的功能文本,成人话语、成人思想不可避免。加拿大儿童文学研究者李利安·史密斯在所著的《欢欣岁月》中认为"儿童文学有时是着重当时的大人所热衷的社会问题的说明……但他们的作为没有植根于文学的基础,也误解了儿童的本质"。② 儿童文学的创作,不能绕开儿童去进行文本的写作,儿童是成人进行儿童文学创作与想象的中心。在儿童文学中,成人经验转化为儿童可以理解的经验,成人认识转化为儿童可以知晓的认识,需要经历一个儿童化的转化。

中国现代儿童文学的书写者,特别是早期的儿童文

---

① 汪静之:《疑问》,刊于《诗》月刊,1922年1月号。
② [加拿大]李利安·H.史密斯著,梅思繁译:《欢欣岁月:李利安·H.史密斯的儿童文学观》,湖南少年儿童出版社,2014年版,第145页。

学创作者,在成人文学领域大多也拥有着不俗的成绩,发生期的中国儿童文学,很难找到从始至终专门创作儿童文学这一文学类别的成人作家。现代作家创作儿童文学更多地与自身的经验关联,这样的经验可能是与童年、故土生活相关,可能与对现世逃避寻求慰藉的心灵相关,这样的文本创作更多的是基于成人作家的理解、立场与态度;一些作家或者用儿童文学的体式,以现实为主导,直指沉重的社会问题,并非当下的儿童生活与儿童阅读的实际。发生期的中国儿童文学也甚少将儿童作为其唯一的读者接受群体,发生期中国儿童文学是较为缺乏儿童性的儿童文学,这与参与创作儿童文学的作家群体及其所倚靠的文学建制及文学话语复杂相关。

儿童文学在中国的发生及其生产有着较为明显的社会意图与功能,对儿童的重视同样承载着启蒙思想者改变社会现状、构建民族国家未来的希望与愿望。从叶圣陶开始,儿童文学中所塑造的儿童形象就有明显的功利企图,早期理想儿童的塑造,多具有纯良的道德美质,具有模范功能与示范意义,在"五四"发现儿童,保卫儿童的时代话语下,更多地承载了成人对于新人新民的诉求,《小白船》《芳儿的梦》中的纯净儿童形象身上,有一股与当下浑浊世界完全不同的洁净精神,"因为我们纯洁,只有小白船才配让我们乘"。在这些作品中,孩子是希望的所在。在儿童小说《义儿》中,文中的小主人与作为长辈的老师、家长抗衡,他们之间的价值错位以及义儿最后的胜利,凸显了儿童身上所代表的新思想、新的价值,"义儿还是往日的义儿,而且更高兴了一些"。这些儿童文学的文本意在用儿童寄予对未来世界的美好想象,用全新的人、全新世界中新的价值体系来与旧世界划分界限。

现代儿童文学创作兴起后不久,天真乖巧型儿童也逐渐被知晓世事、少年老成的儿童替代,更多地与时代社会对于儿童规训的要求有关,而不论何种儿童的塑造,文本中或多或少地都传递了教育主义的声音,来实现对儿童的教育引导。德国学者杨·阿斯曼在《文化记忆》中曾经说道:"孩童是作为小野蛮人而进入文化中的,但他们不是真的野蛮,而需要文化的教化。"作者认为:"人需要一个适应文化这样一个象征体系,世界被这个体系通过象征的方式传达给个人,并由此才变成了一个对人来说适于生存的世界。"① 早期创作文本中出现的儿童形象大都单纯、洁净,容易接受成人的感化教育,被想象与设计的儿童主体也是成人作者对儿童施加教育影响的承载物,具有典型的模范特征与示范效应。理想儿童在教育主义的儿童文学文本中较为多见,有外国学者曾经指出:"儿童易于被侵入,儿童在很大程度上是由他者提供的以及他者本身的表述所塑造。"②

现代中国,儿童文学对于儿童的想象与劝勉之路,更多地承载了成人的权利与趣味,是时代与社会所诉求的

---

① [德]扬·阿斯曼著,金寿福、黄晓晨译:《文化记忆:早期高级文化中的文字、回忆和政治身份》,北京大学出版社,2015年版,第141页。
② [美]凯伦·科茨著,赵萍译:《镜子与永无岛:拉康、欲望及儿童文学中的主体》,安徽少年儿童出版社,2010年版,第71页。

理想儿童。中国现代儿童文学在不同的时段都塑造了相对不同的理想儿童,在不同的历史时段,中国现代儿童文学创作者对于理想儿童的诉求与标准也不尽相同,从叶圣陶的儿童文学创作来看,大体经历过这样一条理想儿童的想象之路:道德上的美善;知晓真实的社会与人生;具备反抗意识、能够积极地参与阶级斗争……这些是作者对社会化儿童的想象与预估,承载了社会对于儿童的期待,不同时期成人作家心目中理想儿童的变化,也一定程度上反映了主流文学话语的变动。理想的儿童可能是《菁儿的故事》中自立、友爱、助人,善于动手去创造与发现新生活的菁儿;可能是《甜》中洞察世事沧桑、知晓社会腐朽,却又保存着一颗对社会充满爱与希望初心的期儿;可能是《长生塔》中通晓尖锐的阶级矛盾与严酷的现实斗争,敢于损毁权威、灭除封建偶像的小读者;也可能是《大林与小林》中正直勇敢、不畏强权,具有反抗意识与精神的小林。不论在哪个时期,成人化理想儿童的想象与塑造有两层标准:一是从现实需求与实际出发,理想的儿童是听从大人教导,有品德、有悟性的儿童,这些儿童身上具有真实儿童身上难以企及的道德美质或行为能力,具有模范的特征或示范性的效能,足以影响其他儿童读者;二是文本中的儿童,不论是天真纯良型儿童,还是社会化儿童,都是与成人的理想相符承载着成人教育与改造愿望的儿童,这些儿童与真实儿童的心智水平与能力相去甚远,这些被塑造的儿童能够关注时代的命运,肩负着改造社会的责任,是成人心中假想或希冀的儿童形象。

三、想象儿童的文本体现:从天真乖巧型儿童到少年老成型儿童

1. 天真乖巧型儿童

在儿童文学创作中,具备天然道德美质的天真乖巧型儿童与知晓成人世界悲哀的社会化儿童,是现代文学中常见的两类儿童形象。天真乖巧型儿童是早期儿童文学创作中较为常见的儿童形象,"五四"对于儿童的文学想象有突出的启蒙诉求,意在通过树立全新的儿童形象,肯定儿童在漫长生命过程中的价值与意义。在早期创作中,模仿儿童的语言、行动、情态,揣摩儿童的心理与情绪,是发生期儿童文学创作中较为惯常的创作方式,在创作中,作家借助成人的想象与经验完成对生活中童稚儿童的还原。

天真型儿童有着其产生的土壤与文化背景,符合"五四"时期成人对儿童的文化期待,寄托了"五四"运动新一代文人的浪漫想象。值得注意的是,作家在想象天真乖巧型儿童之时,大多赋予了其属于儿童单纯、善良的道德品质,使得这些儿童具有朦胧的道德榜样色彩,具备道德示范性的效能。从叶圣陶的《小白船》开始,稚气、无邪、纯真的儿童形象作为成人想象儿童的常见类型,开始见诸文本。这类作品注重对儿童声音、动作、活动等细节的展示,具有较为明显的童心主义倾向。叶圣陶《小白船》中的男孩女孩,《芳儿的梦》中的芳儿,《地动》中的明儿,都是这些特质儿童的代表,这些看似简单单纯的儿童形

象,有着洁净的美质与纯良的道德精神。从叶圣陶开始,天真乖巧型儿童在中国现代儿童文学创作中得到了延续,天真乖巧型儿童更加贴合儿童本真的特征,也反映出作家对儿童独特精神世界、心理世界的观察与体认。这类儿童形象的创作基于童心主义的路线,但依旧渗透出明显的成人话语,对儿童道德的劝勉与期待,是从成人对于儿童的想象与设计出发,具有较为明显目的性的儿童文学创作。这些创作以特殊的形象给予儿童读者以暗示,暗示他们可以通过模仿这些成人构建的儿童形象来完善自身的道德建设,激发他们的道德认同及最初的道德观,一定程度上有对儿童心理与人格教育的潜在意图。叶圣陶、赵景深及后来的丰子恺、凌叔华都曾成功地塑造过天真纯良型儿童形象,这些文本展现了自然天然的童年景象,张扬着童年情趣,激扬儿童"小野蛮"的天性,同时也潜在地传递了成人心目中理想儿童的典型样态。二十世纪三十年代活跃在儿童文学界的女作家凌叔华,在她笔下天真纯良型的儿童,首先是生活中的儿童,具备天真、自然的儿童情态,其代表儿童小说《小哥俩儿》真实地展示了生活中的儿童。大乖和小乖是俩小兄弟。他们可以打趣自己的叔叔"七叔叔、八叔叔,七个八个小秃秃。""七叔叔、八叔叔,七个八个小猪猪"。① 可以与叔叔带来的小八哥平等地对话、学习,在孩子的心中,这个八哥是与其同等重要的生命个体。大乖要教它"念会第一册国

---

① 凌叔华:《小哥俩儿》,海豚出版社,2013年版,第15页。

文,要它背的一个字都不错"。而二乖则要"教它唱先生早呵"。①通过还原真实生活中的儿童样态,使得文本更具儿童情感与意味,文本中儿童道德的美质在文末得以更大程度地彰显,小八哥死在夜猫子手中,小哥俩愤愤地找夜猫报仇,当他们真正看到可爱的夜猫母子的时候,他们的内心又迅速地柔软了下来。二乖说:"你看他的小鼻子多好玩,还出热气啦。"大乖则说:"不要吓着他,他还小呢!"②天真乖巧型儿童是早期儿童文学创作中较为常见的儿童形象,作者通过观察,并结合自身经验来对儿童进行还原,潜在地植入成人所希望儿童的道德感。

三十年代后,天真乖巧型儿童逐渐被社会化儿童所取代,文本更加注重阶级与革命的意味,呈现出与主流文学话语合流的特征。展现儿童纯真的童年生活情景,老舍的儿童小说《小坡的生日》也算其中的代表作品。《小坡的生日》发表于1931年,写的是居住在新加坡的少年小坡和妹妹仙坡与其他东方国家小伙伴们一起玩耍、成长,又历经梦境,在幻境中与强敌互相争斗的故事。作品的生成有着特定的时代背景,文本中也注入了爱国、反抗的主题精神,细读文本我们可以发现,《小坡的生日》在其深刻的主题思想之外,作品首先真实地再现了儿童现实生活的情境以及幻想生活可能的形态。文本注重还原生活中儿童的真实状貌,展示天真乖巧型儿童的外在情绪与

---

① 凌叔华:《小哥俩儿》,海豚出版社,2013年版,第18页。
② 凌叔华:《小哥俩儿》,海豚出版社,2013年版,第19页。

内心愿望,①通过游戏中儿童的声音、动作、情绪的细节,还原儿童本真的生活状貌。② 想象中的天真乖巧型儿童,有着属于人之初纯良的美德品质,旨在唤醒儿童读者的道德认同。在《小坡的生日》中,小坡好动、贪玩但却异常仗义。"小坡的打架,十回总有九回半是为维持公道,保护别人……"③作家注重在生活中、集体活动中还原儿童的真实本相,在明丽、天真、浪漫的童年景象中,启发儿童的道德意识,引导儿童发现与完善自我。

天真乖巧型儿童是成人作者儿童想象的重要类型,是作家浪漫童心的文学投射,符合成人作家对于儿童的审美认识与道德期待,体现了"五四"启蒙思想者对于儿童的想象与规劝,同时,天真乖巧型儿童具有对儿童进行道德教育的意义与功能,是成人作家心目中的理想儿童。

2. 少年老成型儿童

让儿童通过儿童文学文本观察、认识到真实、动荡的

---

① 文本中书写儿童的片段:"若假设头疼,躺在家里,母亲是一会儿一来看。母亲一来,还得假装哼哼,哼哼哼,噗嗤的一声笑出来了。"小坡并没有宏大的理想,他的职业理想只是当一个守门人,原因也非常的儿童化:"一天到晚,不用操心做事,只在门前坐着看热闹,所闲的不得啦,才细细的串脚丫缝儿玩。"老舍:《小坡的生日》,人民文学出版社,2000年版,第17页。

② 小说中书写儿童坐火车游戏的片段:大家拽着各自的衣角,"南星一个人拖着火车,口中七咚七咚的,绕了花园一圈"。而当小姑娘的裙子裹着了腿,两个一起跌下去时,"后面的旅客也一时收不住脚,都自然然的跌成一串,小坡的鞭子缠在马来小妞的腿上,脚后跟正顶住印度小姑娘的鼻子尖,但是不管,口中依旧念着七咚七咚"。老舍:《小坡的生日》,人民文学出版社,2000年版,第78页。

③ 老舍:《小坡的生日》,人民文学出版社,2000年版,第64页。

社会与人生,知晓成人世界的悲哀,是现代作家对儿童读者施加影响进行社会化教育的另一种想象。从单纯天真型儿童到少年老成型儿童,叶圣陶的儿童文学进一步为理想儿童的塑造提供了可借鉴的范本。少年老成型儿童在叶圣陶的儿童文学中,不仅是叶圣陶文本中所塑造的知晓世间疾苦的儿童形象,如《祥哥的胡琴》中的祥哥,《克宜的经历》中的克宜,这些孩子深谙世间的黑暗、腐朽、不公,是作家所设定的老成型的理想儿童;同时在叶圣陶这里,少年老成型儿童也是对隐藏儿童读者阅读能力与社会化程度的设定,作者希望儿童读者能变成这样一个通晓世事,有觉悟与决断力的社会化儿童。如《跛乞丐》《蚕和蚂蚁》《含羞草》等作品中,作者都希望通过童话创作,教育包括儿童在内的广大读者成为洞察真实社会与人生,认清阶级现实的理想读者。

在现代文学的早期创作中,儿童书写中的儿童形象常以苦难承担者的面目出现,问题文学中,儿童是作家进行社会化批判的文学对应物,作品将儿童作为故事的主体,通过悲剧性的现实,来反衬污浊、黑暗的人间惨象;而另一些基于儿童文学创作的文本,溶注现实话语,注重引导儿童读者对真实的社会有客观的认知,从而达到培养他们成为社会化儿童的目的,是目的性与功能性较为明确的创作。这些小说或将儿童置于矛盾的中心(如杨振声的《渔家》,小弟弟的夭亡折射了一个家庭无力扭转的悲剧宿命);或是将儿童置于与迂腐成人对立的立场上,着力展现儿童身上的真善,揭露成人世界的丑伪(如程生的《白旗子》中,大哥毅然参加"五四"学生运动,幼小的二弟也为日本强占青岛、国家的软弱颓败而伤心叹气。可孩子们正义的言辞与行动,却受到了麻木冷漠的封建家长的严厉警告与坚决拒绝。再如卢隐的《两个小学生》里,国枢与坚生决定参加游行活动,年幼的他们要反抗的是举着大刀如狼似虎的卫兵,他们伤痕累累,却依旧阻挠不了黑暗政府的昏聩恶行,徒留了呼号与呻吟的悲痛。)很多时候,儿童形象是成人作者想象中正义、纯洁的化身,在这里,儿童是反衬颠倒与异化世界的镜面,有进一步挖掘文章主题,呈现文章思想价值的功能。认识残酷的现实,认识悲剧的人生,儿童在文本中不只是被动的存在,一些文本,通过第一人称的叙事方式,直接呈现了儿童眼中的惨痛社会现实。①

中国现代儿童文学的历史出场是伴随着全新的儿童观而诞生的,可以看作儿童解放的标志之一,是对儿童文学阅读权利的尊重与体现。但是在此后的发展过程中,儿童文学中的成人话语、成人权力逐渐占据了文本,儿童在儿童文学中呈现出集体失语的状态。以叶圣陶后期的童话创作而言,作品逐渐成为了失去儿童读者的文本,这

---

① 刊发在1922年《儿童世界》第2卷第9期上的,儿童读物编辑沈志坚的作品《做乞丐的女孩》,用第一人称的儿童的口吻与儿童的视角,对比了不同阶层儿童截然不同的生存状态,"有一个苦恼的小乞丐走过,我看到他沿门央求,她和我仿佛是一样的年纪。不过她十分的消瘦。你看我有了华美的衣服,又有炉火取暖,肉饭果腹,还有那仁慈的母亲怎样的疼爱,但是你呢?亲爱的小朋友啊"?沈志坚:《做乞丐的女孩》,刊于《儿童世界》,2卷9期。

些文本所建构的儿童及隐含读者是成人想象中理想的儿童,与实际的儿童相差甚远,叶圣陶的童话《古代英雄的石像》《鸟言兽语》《火车头的经历》等,儿童读者未必能够理解其中所映射的社会背景与阶级思想,这些主人公形象也担负着斗争革命、改造新社会的时代功能与诉求。三十年代前后,儿童文学以更加积极的姿态介入激烈的社会问题,《爱丽丝漫游奇境记》被翻译引进到中国来之后,作家借用卡版女主人公"爱丽丝"形象,改写创作了两个中国版的爱丽丝童话小说,分别是沈从文先生1928年发表的、中国第一部长篇童话体小说《阿丽思中国游记》和陈伯吹先生写于1933年的《阿丽思小姐》。两部是中国版"爱丽丝"文本的变体,作品的共同特征是消解了《爱丽丝漫游奇境记》中无拘无束的幻想、游戏、娱乐元素,转而注入了对中国当下诸多现实问题的讽喻与批判。在沈版的阿丽思中,较多地运用了儿童形象、儿童视角、儿童话语来呈现、揭露腐朽的社会黑暗,文本具有明显的批判特性。[①]

借助儿童文学的文体形式,或直露或夸张地展现中国社会的朽败与溃烂,来完成文本的批判意图,这里的儿

[①] 阿丽思小姐准备和朋友傩喜先生到中国游玩,阿丽思就被旅馆当差的告知:在中国许多地方的人命,就不比猪狗价高。而傩喜先生手上的那本《中国旅行指南》,可谓是中国当时社会黑暗的一个缩影,是当时对整个中国社会政治、经济、人事领域的讽刺书:"在中国许多地方,每一天都要杀一些人……总先把这应杀的游街,随后把人头挂在看的人顶多的地方,供大家欣赏。""近年来,辫子同小脚,可惜不大能在大城镇上见到了,但托辫子的思想是随便可以见到的"。沈从文:《阿丽思中国游记》,南海出版公司,2000年版,第56页。

童阿丽思,只是成人呈现社会问题的一个叙事视角,与真实生活中的儿童形象相去甚远,文本并未考虑到儿童阅读的心理承受力。有国外学者指出"儿童文本的聚焦大多是成人出于自身目的而发明的幼稚视角来实现的,而非实际的儿童视角"。①而陈版的《阿丽思小姐》与卡洛尔原作《爱丽丝漫游奇境记》几乎已没有情节上的对应关系,随着故事的推进,阿丽思这一形象已逐渐失去了儿童特性,成为了成人批判社会、呈现阶级话语的宣导工具。(《阿丽思小姐》呈现了一个个荒诞、颠倒的现实世界,音乐会上,阿丽思发表演讲,她在演讲中说道:"萤博士,米蛀虫、蜜蜂老板是什么东西?资本家!坏蛋!然而地头蛇警察、瞌睡虫法官,也是坏东西,他们是走狗!当然大蟒皇帝,蜈蚣将军等等,都该杀的!"小说最后,阿丽思决定"把着一些强权即公理的流氓,杀个痛快!杀个干净!")②这里的阿丽思,是成人权力、思想、意识的传声筒,她身上丧失了作为一个少女的亲切真实,这样的形象已经不再具有儿童典型的特质,是成人作家表达阶级思想,控诉政治政权的一个工具。这些文本中所想象的儿童,是能够清楚地认知世界、掌握时局、把握人生方向的理想儿童,是在现实世界中难以找到的不真实的儿童形象。

包括叶圣陶在内的中国现代儿童文学在童年想象与儿童书写时,渗透着过重的成人话语、权力,文本所彰显

---

① [加]佩里·诺得曼、[加]梅维丝·雷默著,陈中美译:《儿童文学的乐趣》,少年儿童出版社,2008年版,第340页。
② 陈伯吹:《阿丽思小姐》,四川少年儿童出版社,2007年版,第166页。

的是作者的声音、愿望,这些文本可贵之处在于体现了作家对民族国家命运的深重关切,在想象儿童的创作之路上,中国现代儿童文学负重累累,造成这种现象的原因主要有三个方面:一是不论在中国儿童文学发生期还是发展期,写作儿童文学的作者大都是在成人文学领域已有丰硕成果与建树的成人文学作家,这些作家所进行的童年书写与儿童想象主要是依据自身的童年经验、记忆、观察与想象来完成的,所塑造的儿童形象不可避免地承载了成人对于儿童人格与社会化发展的期望。二是中国现代儿童文学的发生发展始终受制于主流的文学话语模式,为人生的文学,血与泪的文学,左翼文学……成人文学的话语体系溶注在儿童文学创作中,使得儿童文学品貌深沉,有着较为突出的成人化色彩,儿童形象也越来越脱离真实的儿童状态,成为了传递文本主旨思想的一个符号工具。三是现代中国,动荡的社会时局也不能给成人作家营造一个天真自然的儿童想象乐土,成人的儿童想象有着深刻的现实诉求,反映了成人对于理想儿童的塑造与劝勉。

不论是天真乖巧型儿童还是通晓世事、少年老成的社会化儿童,儿童在文本中所出现的样貌及状态,他们话语与生活情状的体现,都是经过成人之手来完成的,这些主人公的语言、情感、行为折射出成人的趣味、理解与经验,与实际的儿童生活与儿童心理世界不可避免地出现错位。对儿童的想象与规劝从社会的需求出发,承载着成人作家对于儿童的文化期待。现代中国的童年想象与儿童书写,是在民族国家社会的大语境中尝试、开拓、试炼、完成的,儿童文学中理想儿童的变迁,也同样折射出背后深刻的思想与社会变革。儿童文学在现代中国从来不只是单纯地指向儿童的阅读,与成人对于民族国家未来的期待以及寄希望于用文学教化民众的意图紧密相连。

第二节 儿童、儿童文学与民族国家、理想世界建构

民族国家是文学诞生的空域背景。民族代表了文化上的人的共同体,而国家更多指向的是政治、主权、阶级与空间地理概念。现代民族国家通常指的是在一个地理范围内,一个或多个民族基于认同或需要所建立的具有独立政权的现代性国家。① 近代以来的中国,列强的逼临与政治的衰败使得有识之士开始着手进行救亡图存的改革。派遣留学生、废除科举、教育改革,重视与发展现代工业,加强军队等现代化建设的背后,是为改变旧体制发展新国家而进行的各类探索;洋务运动、维新运动、辛亥革命、"五四"运动,政治与文化的革命与运动是为推动国家独立,为民族求取尊严的艰难尝试。梁启超、鲁迅、毛泽东在想象与改造民族国家上都有着自己的方法与路

---

① 民族国家的概念伴随着西方资本主义的兴起与扩张而进入人们的视野,安德森在《想象的共同体:民族主义的起源与散布》一书中谈到,语言文字、印刷术、资本主义与科技发展使得全新共同体的形成成为了可能,而官方民族主义者通过教育、宣传、文化上的掌控将一个地理范围内的不同族群做到文化上的确认与皈依。[美]本尼迪克特·安德森著,吴叡人译:《想象的共同体:民族主义的起源与散布》,上海人民出版社,2011年版,第45页。

径。各种西方思潮、主义的盛行,也为中国的民族国家想象建立了不同的思想与理论基础。

近二十年来,民族国家的视角、方法被广泛用于研究中国现代文学。现代文学在积极地吸收西方先进文化营养的同时,也自觉地在异质文化的话语与霸权中彰显自我、主体与民族特色,文本从探求人的生存、人的发展而进一步探索建构新型民族国家所应具有的品格、精神与气度。现代儿童文学与现代文学在创作题材、主题形态、内容思想上都有着多方面多层次的交互与勾连,对人、民族、国家的想象在成人文学与儿童文学中均有体现。现代儿童文学通过叶圣陶、张天翼、陈伯吹等一代儿童文学作家的努力,在想象个体、想象民族、想象中国的儿童文学创作上,提供了与历史对话、回应的文本,初步建构了现代国民、现代民族、现代国家所应具有的样态与精神。

一、文本中的儿童与民族国家想象

区别于中国传统文学叙事中底层民众臣民、草民、贱民的形象,现代文学乃至现代儿童文学对民族国家想象的第一步,是在文本中建设全新的国民形象。改变弱国的第一步,在于树立新人。对民族国家的想象始终是围绕生长在这片土地上的国人而进行。[①] 1902 年,梁启超在

---

① 黄金麟在《历史、身体、国家:近代中国的身体形成(1895—1937)》中曾指出"在国势垂荡之际,改造人作为改造一切的基础,成为许多知识分子共同具有的基础理念。"黄金麟:《历史、身体、国家:近代中国的身体形成(1895—1937)》,新星出版社,2006 年版,第 36 页。

其文章《论小说与群治之关系》中,提出"欲新一国之民,不可不新一国之小说"。① 以文学的方式新民,用文学的力量改造人的精神与品格,变革社会从变革人开始,人成为想象民族国家的起点与触发点。人的建设与民族国家的建设紧密相连,是改造国人身体以达到改变国家命运的理想寄托。包括儿童文学在内的现代文学在想象人、呼唤人的同时,也在用自己的方式想象与建构全新的中国形象,以区别腐朽、孱弱的旧国形象,而这样全新中国的想象是与每个人的独立与尊严联系在一起的,是与包括儿童在内具体的个人及其他们的命运深切相关的。

儿童的发现与现代民族国家的想象有着密切的关联,在柄谷行人的《日本现代文学的起源》一书中认为真的孩子、真的人是现代民族国家制度的产物,而文学中,儿童的发现与人的发现一样,也是现代民族国家建制的重要构成。人的发现,儿童的发现是想象现代国家的第一步,在想象人、呼唤人、塑造人的文学创作上,儿童文学也回应着历史主潮与时代话语。郑振铎发表在《新社会》杂志创刊号上的《我是少年》,全新的具有反抗与战斗精神的少年形象既是毁弃旧有的行动者,更是未来世界的建设者。"我是少年!我是少年!/我有如炬的眼,/我有思想如泉。/我有牺牲的精神,/我有自由不可捐。/我过不惯偶像似的流年,/我看不惯奴隶的苟安。/我起!我起!/我欲打破一切的威权。……我看见前面的光明,/

---

① 梁启超:《论小说与群治之关系》,刊于《新小说》,1902 年第 1 期。

我欲驶破浪的大船,/满载可怜的同胞,/进前!进前!进前!/不管它浊浪排空,狂飙肆虐,/我只向光明的所在,进前!进前!进前"。①

儿童是国家民族的未来,儿童文学在现代中国的提倡,与国家民族的命运与未来紧密相连。郭沫若在《儿童文学之管见》一文中强调"人类社会根本改造的步骤之一,应当是人的改造。人的根本改造应当从儿童的感情教育、美的教育入手",郭沫若视儿童的身体与精神的改造为中国社会与人民"起死回生的特效药"。强调"今天的儿童便是明天的国民"。② 从中国现代儿童文学的发生发展道路来看,对儿童文学的书写从来都与时代主题密切相关,发生期儿童文学的创作不论是儿童诗、儿童小说还是童话作品都着力塑造儿童的个体形象,这样的个体形象是灵动、鲜活、自然的全新生命个体,不是缩小的成人,是对儿童独特生命价值的体认。现代中国,儿童的发现,对于儿童教育的重视,是建设人的重要组成部分。人是想象民族国家的起点,包括叶圣陶儿童文学在内的中国儿童文学,在一定程度上承当了塑造新人形象,呼唤个体复归,影响人主体性意识觉醒的重要功能。

从具体的创作来看,包括叶圣陶儿童文学在内的现代儿童文学,对民族国家的想象主要围绕着两个方面进行:一是对封建思想进行清算与批判,同时坚决地反抗帝

---

① 蒋风编:《中国儿童文学大系》,希望出版社,2009年版,第20页。
② 郭沫若:《儿童文学之管见》,《郭沫若集》(第十五卷),人民文学出版社,1990年版,第262页。

国主义与资本主义的侵略压迫;二是在文本中构建理想的社会与国家的雏形,这样的民族国家是独立、民主、平等、友爱的理想化世界。

　　儿童文学对民族国家的想象与建构上,首先是挖掘与呈现被封建礼教侵害的个人与儿童,来批判封建道统对个体的伤害。叶圣陶《这也是一个人》《阿凤》中,顽固腐朽的道统体制是酿成这些未成年少女惨痛人生的刽子手,这些作品中的女子的人生命运是受动的,被封建家长、公婆、丈夫随便摆布的,"既做人家的媳妇,要打要骂,概由人家,我怎能做得主?""伊到了家里,见丈夫直僵僵地躺在床上,心里很有些悲伤,但也想,他是打伊骂伊的。伊公婆却领伊到一家人家,受了二十千钱,把伊卖了"。① 而在小说《阿凤》中,十二岁的阿凤"受骂受打同吃喝睡觉一样地平常"。未成年的主人公能感受到被摧残的邪恶力量,却无力去抗衡这样一种束缚在人身上的力量,身体或精神的死亡直接被展示在文本中,文章直指非人体制对人的戕害。作者意在揭示这些问题小说中的未成年女性她们身体与精神受到的迫害,来唤起人们对人、对女子、对儿童的情感觉醒。现代文学的儿童书写所呈现的儿童是传统社会中的草民、贱民,他们的生命与生存需求从来不曾掌控在自己手中,苦难的宿命年复一年地在这里上演,而重构理想的生活秩序,重构和谐的社会第一步在于揭露、反叛这样的道统权威,把束缚在人身上的枷锁

---

① 叶圣陶:《这也是一个人》,《叶圣陶集》(小说一),江苏教育出版社,2004年版,第103页。

打破,重新看到人性的光芒。儿童文学关注民族国家的个体特别是儿童的命运,儿童文学中对现代民族国家的想象第一步,在于呈现被封建思想及制度压迫下悲惨的人的命运。

其次,儿童文学的作品中对所谓西方资本主义与工业文明也时刻保持着警惕与戒备,并以批判的态度来审视所谓的西方物质文明,这样一种社会模式在以叶圣陶为代表的中国现代儿童文学作家眼中,并不是理想的现代民族国家模式。叶圣陶的早期童话创作《大喉咙》《画眉鸟》《花园之外》《祥哥的胡琴》《聋子与瞎子》《快乐的人》呈现了工业文明中人类的生存窘境,在所谓的工业文明中,人成为了机器的俘虏,成为了工具,失去为人的尊严、人格,文本潜在的意涵是抗拒资本主义制度,这样的制度与模式是造成社会不公、贫富悬殊、阶级对立的根本原因。不论是封建主义还是资本主义,所带来的深重后果是对生存在这片土地上的个体的伤害,而叶圣陶童话中所出现的儿童如《花园之外》中被阻挡在花园外不能进入的长儿、《牧羊儿》中失去母亲与羊儿的放牧孩子,则是这种社会形态中悲剧的承担者,叶圣陶的童话有意地对西方资本主义文明表达着拒斥。在反叛资本主义的主题上,另一位代表是张天翼,在《大林和小林》中,张天翼借助夸张、讽刺、颠倒等多重技法,通过主人公不同的命运之路,进一步揭露了资本主义的丑恶本质,以及被奉为圭臬的金钱与效率的虚无。从叶圣陶到张天翼,一直以来,现代儿童文学对资本主义始终保持着审视与警惕的态度,在文本中,这样的世界是潜藏着风险与危机的世界。

此外,儿童文学在文本中坚定地反抗帝国主义的侵略行径,并号召读者携起手来保家卫国,支持民族独立与国家主权,一定程度上是构建民族国家的基础。在亡国灭种的危机下,早期儿童书写中的少年儿童自觉地参与到了反抗侵略、反对帝国主义的队列中来,早期反映学生参与"五四"反帝爱国运动的小说《白旗子》《两个小学生》都是此类的代表,文本中,在国家危急关头,成人冷漠、自私与麻木,而儿童则是站在与成人立场、态度对立面上的群体,支持着民族国家的独立尊严。① 现代中国,造成帝国主义穷凶极恶变本加厉对中国领土进行侵略的另一重要原因,是腐朽的政府当局面对外来侵略所选择的懦弱与妥协。在《两个小学生》中,小学生随着游行队伍来到公府与政府进行交涉,但紧闭着的铁门不仅伤害了弱小儿童的爱国感情,也让所谓总统府的尊严烟消云散。

叶圣陶1936年创作的两篇儿童小说《一个练习生》与《寒假的一天》,呈现了青少年反抗帝国主义侵略的壮志,小说通过主人公参加反对日本帝国主义的游行示威活动,展现了青少年群体对国家尊严领土完整的热切愿望,但这样的正义行为却被同样身为中国人的成人阻挠与禁止。在《一个练习生》中,主人公即使是偶然参与到游行队伍中,也被苦心求得工作上的领导极力劝退;而在《寒

---

① 在《白旗子》中,参加"五四"游行队伍的大儿义愤填膺地对反对与阻挠他们的封建家长说:"我们中国大多数的国民,皆是无知的,那伙官僚,又皆是无心肝、无耻的。"程生:《白旗子》,刊于《每周评论》,1919年第23期。

假的一天》中,"我"与何家哥哥一同参与救国运动,却受到了政府当局的重重封锁与阻挠,表哥被当局公安抓进监狱,受到了严刑拷打。在交涉的过程中,表哥慷慨激昂地大声呼号:"这里是中国的地方!中国还没有亡,为什么不许中国人进中国的城?为什么不许中国人救自己的国?"①由于表哥"国没有救成,先去吃枪柄"的遭遇,使得小主人公的母亲也反对孩子继续念书,在他们看来,受到教育之后难免会作出这样的"蠢事"。作品一方面讽刺了政府的昏聩恶行,一方面把成人置于与儿童对立的一面,着重挖掘他们身上的奴性特征,在一些反叛帝国主义侵略主题形态的儿童文学创作中,成人被设计为造成国破家亡的隐形帮凶。

现代儿童文学在创作上号召大家携起手来一致对外,向帝国主义、黑恶势力宣战。在以叶圣陶为代表的中国现代儿童文学创作上有着较为明显的体现。包括叶圣陶的《火车头的经历》《古代英雄的石像》《皇帝的新衣》等文本都有着对守护理想民族国家而号召群体进行反抗斗争的社会隐喻。② 三十年代,陈伯吹、张天翼等一批儿童

---

① 叶圣陶:《寒假的一天》,刊于《文学月刊》,1936年1卷2期。
② 在叶圣陶《皇帝的新衣》中,这个国家的人民"一律不准出声音"。所谓的皇帝告诉国民:"你们要自由,就不要做我的人民。"《皇帝的新衣》中,最后皇帝被觉醒的人民轰下神坛,意在讽刺与告诫无良的政府统治阶级,如果继续为非作歹,就必将自取灭亡。在童话《火车头的经历》中,慷慨激昂的学生与警察斗智斗勇,冲破各种阻挠,终于驾驶火车头驶向了他们要请愿的地方,他们为了国家的危急,为了民族的存亡,要向政府陈述意见。"五卅"之后的叶圣陶创作童话,用更加直白的手法,揭露帝国主义的侵略罪行,借助文本中主人公的声音,对外来侵略者进行抗议、声讨。

文学作家延续了叶圣陶的创作手法,在文本中积极植入反叛强权与反抗帝国主义的思想。九一八事变之后,陈伯吹先生所创作的《阿丽思小姐》是具有鲜明的反对帝国主义、资本主义色彩的作品,文本中的阿丽思小姐为底层人民打抱不平,与万虫国的大蟒皇帝、百足大将、蝗虫中将等侵略势力斗智斗勇。阿丽思小姐号召大家"迎战万恶的帝国主义者!弱小民族抵抗侵略万岁万万岁!"①迎合了主流的革命文学话语,过于介入现实,图解主流政治意识形态的写作手法,也使得这部作品的儿童文学属性相对弱化。

抗战时期,不论是儿童文学创作还是儿童文学出版活动,都旗帜鲜明地抗议日本帝国主义的侵略行径,呼唤人民团结一致保卫国家。《儿童世界》杂志从1937年起开始关注抗战局势,并在杂志中加赠《儿童世界·画报》,画报的主要内容是抗战前线最新的新闻照片及战报,而新开辟的"谈话""记事""社会"与"儿童新闻"栏目每期都会刊发抗日战争的新闻消息、时事评论及国家对日战争的策略与布局信息等。战时的《儿童世界》杂志号召小读者保家卫国,爱国拥军,在1937年《儿童世界》第三十九卷四五期上推出了抗战特辑,传递全面抗战的讯息,所刊发的文艺作品如诗歌《抵抗》、独幕剧《前行》等也都是直接书写战争的文艺题材作品。而在《儿童世界》杂志长期发表的儿童创作,特别是"五卅"、抗战时期所刊发的儿童作品

---

① 陈伯吹:《阿丽思小姐》,四川少年儿童出版社,2007年版,第156页。

来看,真正的儿童读者对于国家民族的危亡是极其看重的,也有相对敏锐的反应,1937年日军全面侵华战争爆发后,该杂志的儿童创作一栏常见儿童对于侵略战争控诉的文章,如39卷3期的儿童创作《放空与国防》,4期的《我们的国旗》,40卷1期小读者的作品《我们要做些什么救亡工作?》《我们要"打到底"!》,40卷4期《可怜的难民》《一个难童的自述》等等。儿童用自己的思考与视角,表达了他们希望早日驱逐日本侵略者,团结一致携手反抗的斗志决心。

图13 《儿童世界》杂志1937年的抗战特辑及杂志部分内容

理想的民族国家是没有列强、军阀,同时铲除了封建余孽的世界,是拥有民族尊严,国家权力得以充分体现的世界,是自由、民主、平等的世界;在二十世纪三十年代之后的历史语境中,现代的民族国家是社会主义形态的理想世界,是底层工人与农民大众当家做主人的世界。叶圣陶儿童文学在塑造新人、构建理想世界、拒斥西方工业文明等方面具有典型的代表意义,影响了三十年代主流儿童文学的创作。儿童文学文本也承载着引发舆论,启发隐藏读者的民族情绪与爱国精神的特定功能。

二、儿童文学与理想世界建构

1. 儿童化的理想世界

民族国家的想象离不开儿童,儿童被寄予了建设民族国家的希望。现代作家的儿童书写又为民族国家提供了想象的方式。瞿秋白1923年写作的《那个城》中出现的儿童形象与"那个城"具有明显的象征意味。儿童坚定地走向"那个城"——"一切亭台楼阁砖石瓦砾都锻得煊红"。① 小孩子的身后,是象征着现实时空的无声的夜,这样的时空"披着黑氅",是一片黑暗无光的旧世界,在文中,"城"是与现世世界对立的光明、温暖的场域,是一片截然不同的生存空间。"那个城——热烈至于晕厥地希望着自己完成仙境,高入云霄,接近那光滑的太阳"。只有小孩在接近、靠近这样一个全新的世界。"他渴望生活,美,善;而在他四围静默的农田里,奔流着潺湲的溪涧,垂复在他之上的苍穹又渐渐的映着紫……暗,红的新光"。② 新的世界,是与原来的旧国对立的,是孩童所希望的如儿童世界一般的真善美的空间,这里的秩序是和谐的,这里的明天充满了生机与希望。儿童作为大胆的行动者,成为改造旧世界迎接新世界的先锋,他看到了触手

---

① 瞿秋白:《那个城》,《瞿秋白文集》(第二卷),人民文学出版社,1953年版,第231页。
② 瞿秋白:《那个城》,《瞿秋白文集》(第二卷),人民文学出版社,1953年版,第231页。

可及的光明与新天,迈出了前行的脚步。而旧的夜,也像慈母似得对他说道:"是时候了,小孩子,走吧。他们,等着呢!"①

理想世界是与现世世界截然不同的世界,郭沫若在1920年创作的儿童诗剧《黎明》中建构了一个全新的世界,这个新世界是光明、温暖、太平的世界,与黑暗水火不容的世界,是与黑夜彻底分道扬镳的世界。"哥哥,你醒了/妹妹,你醒了/哥哥,你看,天已黎明了/妹妹,你看,海已太平了……我们早已醒了/我们早已解放了"!②儿童的苏醒是对自我的认同,儿童的苏醒带来了对自我力量的确证,他们心怀改造世界的愿望,作者赋予他们行动起来建设理想世界的行动力量。"我要荡涤去一些尘垢秕糠,我要制造出一些明耀辉光。冰岛化成水,重新制造出一个大洋。火山喷出了,一座赤裸裸的岛邦。我是春草,你替它做件新鲜的衣裳。你是羝羊,我要生在你草上"。③在儿童身上看到未来新世界、新生活的曙光,用觉醒的儿童去改造满目疮痍腐朽颓败的世界,并在他们身上寄予理想世界的美好想象,在《黎明》中,儿童是承担新旧世界承接转换的改造者,他们身上肩负着建设新家园、新国家的重任。对理想世界的呼唤是想象民族国家的基础,这样一个理想的世界不是封建制度控制的中国,不是帝国

---

① 瞿秋白:《那个城》,《瞿秋白文集》(第二卷),人民文学出版社,1953年版,232页。
② 任德耀编:《中国儿童文学大系·儿童剧一》,希望出版社,2009年版,第3页。
③ 任德耀编:《中国儿童文学大系·儿童剧一》,希望出版社,2009年版,第4页。

主义践踏的中国,是一个个人权力得到充分体现与张扬、充满自由、平等、民主的理想空间。

儿童文学中对于理想世界的建构更多地以儿童化的情境来营造,儿童化的方式来呈现。新文学运动伊始,成人文学中的深沉、苦闷,被儿童文学的清晰、纯洁、灵动所软化。儿童文学所营造的空间是一个理想化的诗意与童心交汇的世界,在这个世界中,没有纷扰、困苦、病痛,个体之间相互尊重、关爱,个人的权利与力量得到了体现与施展,儿童世界是平等、自由、友爱的世界,这样的世界区别于成人所生活的世界,更与封建军阀、帝国主义的世界划清了界限。儿童文学是以表现儿童世界为内容的文学体式,儿童世界的和平、快乐,也被溶注到儿童文学创作文本中,儿童的世界可能是"小板凳、白米饭、萤火虫、小轮船"(李方谟:《儿歌四首》)的世界,可能是"大人国与小人国"(胡怀琛:《大人国》《小人国》)的世界,可能是"竹马"(严既澄:《竹马》)和"小星星"(赵光荣:《小星星》)的世界。鲜活、真实、纯洁的儿童更给沉闷的新文学带来了一缕清晰的风。儿童文学中所营造的世界秩序是和谐的,人与人的关系是平等的、相互尊重的,在这个空间中所有的一切都是舒缓、从容的。儿童世界的秩序、价值观、行事方式与准则有别于成人世界,儿童世界是最接近于原初淳朴、自然、平等、友爱的世界。

2. 儿童化理想世界建构与局限

儿童文学善于表现儿童化的理想世界,儿童文学中理想空间的营造,是知识分子面对疮痍苦难的人间和苦闷彷徨的自我所进行的精神自救,但这种对理想世界的想象与建构也存在着明显的局限。叶圣陶的《小白船》营造了一个中国式的诗意田园场景,诗化柔美的空间给予渴望逃遁现实灰霾的人暂时的心灵栖居与精神抚慰。在否定过去的维度中,所宣扬与肯定的是民主、平等、友爱的全新价值,小白船中的理想世界,是一个孩童的爱的世界,是一个与外界污浊所隔绝的世界,这样一个世界拒绝大人的进入。"老人也不配乘这条船……这条小船只配给活泼美丽的小孩儿乘。""一切可爱的东西,我们都爱"。①但遗憾的是,这样的世界却只能存在于想象之中。在现实社会中如何寻求或创造一个理想世界?在叶圣陶的童话《花园之外》《聋子和瞎子》《眼泪》《画眉鸟》《稻草人》中,这样的寻找换来的却是惨痛的结局,童话的梦境过后,是一幅幅悲凉凄惨的世间相;在赵景深的童话《樱桃树》里,荆棘、忍冬、野蛇麻在嫉妒与贪婪中把樱桃树绞死,但他们并没有换来想象中的美好生活,攀附践踏于他人之上最终落得一毁俱毁、一亡皆亡的下场,把理想世界寄托在儿童的梦境与童话的幻境中,这是一个不可能完成的现实转化。新文学对故土的回忆和对童年的向往,也停留在幻想与梦境的层次,就残酷的现实而言,这样耽于幻境似的期待找不到现实的支撑,不可避免地走向湮灭。鲁迅《故乡》中,当"我"再次回到故乡,故乡已全然不是记忆中的温柔之乡,儿时的挚友闰土早已成了一个沧桑老人。

---

① 叶绍钧:《小白船》,刊于《儿童世界》,1 卷 9 期。

"多子、饥荒、苛税、兵、匪、官、绅,都苦的他像一个木偶人了"。① 可悲的现实拉开了"我"与闰土的距离,更是横亘在"我"与故乡,"我"与美梦,"我"与理想未来之间的厚壁障。所以作者"想到希望,忽然害怕起来了"。似有若无的希望,缥缈不定的未来,惨痛悲哀的现实,致使知识分子无法昏沉做梦,在故乡与童年的渴求中呼唤理想世界的复归,是一项不可能完成的任务。

现实世界中的肮脏与丑陋可以在儿童的眼光中被稀释,现实的冷漠与悲凉在儿童化的情感中得到温慰,但儿童及儿童化的思考却不能给予众人一个达到彼岸的新世界。叶圣陶笔下的倪焕之,在"五四"新文化运动的激励下大刀阔斧地实行教育改革,力图为孩子创造一个优异的外在世界,铸造一代新人。但在付诸理想的实践中,倪焕之受制于呆板僵化的教育体制、同事间的离间、乡野土匪财阀的反对等现实问题,即便在真正的儿童身上,也很难引发他对未来世界的自信与憧憬。"他又觉得那些小听众太不可爱了……儿童的爱娇,活泼,敏慧,仿佛从不曾在他们身上透过芽,他们有的是奸诈,呆钝,粗暴。街头那些歪戴着帽子,两手插在对襟短衣的口袋里,身体一斜一转的,牙齿紧咬,预备一放开时就吐出一句恶毒的咒骂的流氓的典型,在他们里头似乎很可以找出几个"。② 倪焕之的教育改革终于在内外交困的状况下宣告失败,

---

① 鲁迅:《故乡》,《呐喊》,人民文学出版社,1973年版,第37页。
② 叶圣陶:《倪焕之》,《叶圣陶集》(第3卷),江苏教育出版社,2004年版,第22页。

理想世界随之湮灭。从"五四"到"五卅",大革命失败,新文化落潮,理想与现实的斗争,倪焕之作为一个知识分子典型,发出了"我,我算得什么?至多是读饱了书的人一边的角色"!①凸显了被启蒙一代知识分子的尴尬处境,他们徘徊于个体与群体、个人与社会之间,被外部残酷现实吞并。倪焕之最终也在疾苦病痛中死去,象征着"五四"知识分子对未来梦境难以言表的失落及精神无所依傍后的枯竭衰亡。

现代中国,儿童文学不像成人文学那样拥有宏大的民族国家叙事文本,也缺乏真正具有方法论意义的民族国家构建路径。在想象理想的民族国家上,儿童文学也有突出的局限,文本中反抗与毁弃的多,建设的少,文本在未来时间向度上叠加空间的想象显得较为乏力。儿童文学在想象民族国家中的局限还表现在,沉溺在儿童化的时空中,面对黑暗的社会现实,文本中透出无能为力而又无可奈何的情绪,在叶圣陶以现实批判为特征的后期童话创作上这种情绪非常明显。叶圣陶童话《熊夫人幼稚园》隐喻地传达了在严酷的社会现实面前,调节不同种族、不同阶级利益矛盾,构建理想生存世界的不可能性,②

---

① 叶圣陶:《倪焕之》,《叶圣陶集》(第3卷),江苏教育出版社,2004年版,243页。

② 作品中,鸡儿奉劝所谓食肉的高等动物要当心改过来,不能猎食其他动物,而虎儿则认为这样的世界不过是一个可笑的空想,"没有被吃掉的,也没有吃掉人家的,这还成什么世界"!猪儿想改变祖先以来一直被受支配的命运,奉劝大家团结一致创立平等的社会,可虎儿和麒麟却认为这是不可能做到的事情,麒麟以为:"我们是高贵的种族,我们昂着头,这就是高贵种族的一个证据。"

而面对这样一种社会现状,作为知识分子与教育家代表的熊夫人也不得不将自己开办的幼儿园关门大吉。叶圣陶文本中所传达的隐喻还体现在,即便是有一个理想的富庶的民族国家,如果个人贪婪与怠惰,也会葬送一个这样理想的和平空间。① 理想空间、理想世界、理想的民族国家想象始终是围绕着人的个体而进行的,人是建设与维持理想世界与理想民族国家的关键,叶圣陶的童话作品特别是后期的童话作品,是一种基于人性邪恶、贪婪、怠惰的警告,如果人不加以警醒,即使理想的社会、理想的空间降临,也会变得难以守护,终将葬送在人自己手中。

一面是彻底毁弃旧传统,一面是对新世界的想象,但不论是译作还是创作,文学中的儿童书写与现代儿童文学对新世界的向往与期待中却透露着一丝无可奈何的悲观情绪,体现在毁弃旧有的同时,自我新生的转化遭遇到了现实困境,对结局的不确定性,同样象征着对明天与理想世界的不置可否。在否定、批判、质疑过去,然而又没能寻找到未来理想世界雏形的困顿中,包括儿童文学在内的现代文学背后,是改造现实的反复艰辛和理想世界的遥不可及。

儿童的发现与儿童文学的出现是现代民族国家进程中的重要构成,现代儿童文学文本的内容也为想象民族

---

① 在《绝了种的人》中,原本用勤劳建立起来的富庶国家却由于国民的懈怠与懒惰而荒废了土地,这个国度的人群也逐步走向了死亡,人种全部灭绝,被后世的考古学家发现。

国家提供了资源。现代中国,儿童文学创作与传播活动关注着民族国家的命运与出路,包括叶圣陶儿童文学在内的现代儿童文学,对于民族国家的建构,首先体现在文本中对人的呼唤与塑造上,人是民族国家想象与建设的中心,而儿童则是这其中最重要也是最有希望的群体。儿童文学中关于人的想象,经历过从塑造个体的人到塑造群体的人,从重视个体的意识、情感、权力到诉诸群体的声音、力量与反抗精神这样一条创作路线。在实际的创作文本中,叶圣陶儿童文学所代表的现代儿童文学,对于封建主义、帝国主义都予以拒斥与否定,号召人民团结一致,奋起反抗,保卫理想家园。对于民族国家的想象,儿童文学注重在文本中营造一个民主、平等、友爱的理想场域,但囿于儿童化的理想空间,儿童文学对于理想世界的想象与建构更多地停留在幻想上,缺乏真正可行的方法路径。儿童文学轻盈幻境、快乐梦境的空间创造,可以抚慰苍老麻木的成人心灵,让人们得以重新思考人的来源、本性与基础,但却不能看作是对理想世界的许诺。文学对于未来的想象,缺乏一个坚实的现实基础与可行的方法论支撑,新文化运动的落潮,社会主义思潮的涌现,让理想世界的到来付诸政治、军事力量的变革与马克思主义思想的光芒,中国的政治社会格局也从此展开了另一个新篇章。

结　论

　　叶圣陶在内的现代儿童文学从时代与社会的实际需求出发，探索儿童文学可表现与承载的内容思想，跳脱了单纯的文艺审美性质。不论是在文本中传达启蒙精神、展现理想儿童，还是想象民族国家等话题上，都承载了现代性的精神与诉求，无论在创作模式、手法还是内容与精神上，既是有现代精神的新儿童文学，也是具有民族性与时代性特征的儿童文学。叶圣陶在中国儿童文学的创作、编辑出版、社会化普及与推广、教育应用等领域都有着突出的建树与丰硕的成果，为中国儿童文学创作奠定了基石，为中国儿童文学的多元发展和教育应用积累了可借鉴的经验与资源。

一、开启中国现代儿童文学的创作时代

　　在叶圣陶之前，中国儿童文学在理论建设方面已有突出成就，文本上则依靠引进西方的儿童文学资源，包括

安徒生、王尔德、爱罗先珂、小川未明等被译介过来的童话作品,与理论倡导相反,中国儿童文学的译介更多的是现实批判性的儿童文学,较少真正考虑到儿童的文学兴趣与具体的阅读接受。在儿童文学自觉意识觉醒之前,现代文学早期自发的儿童书写更多借以儿童的视角、语言、形象来展现人生世相,实现揭露、批判现实的意旨,儿童也并不是这类作品所设置的隐含读者。中国现代自觉的儿童文学最初从一些具有明显儿童意味的儿歌、儿童诗歌中脱胎,到以童话为首的叶圣陶儿童文学创作,中国现代儿童文学才真正走向了创作的自觉期。叶圣陶的儿童文学是连续性的风格化的儿童文学,以儿童为本位,表现儿童纯真情感和想象,具有明显儿童文学自觉的儿童文学和以现实为主体、展现悲惨社会与人生百态的儿童文学构成了叶圣陶儿童文学的双翼。

　　叶圣陶儿童文学是有着丰富审美形态与深刻精神内蕴的儿童文学,不同风格的儿童文学有着不同的创作观念与理路。在创作上,叶圣陶儿童文学的成就与贡献突出的体现在以下几个方面:(1)叶圣陶儿童文学的出现,改变了中国儿童文学倚靠改写、译述西方作品的面貌,是中国儿童文学主体性、现代性的起点。叶圣陶儿童文学在叙事语言、文学意象以及质地精神上,都具备鲜明的民族风格与本土文化特征。(2)叶圣陶儿童文学创作开拓与丰富了中国现代儿童文学的文体资源。叶圣陶开创了诗意纯美型、现实批判型、幽默热闹型等不同风格与品质儿童文学的范型与资源;叶圣陶现实批判型儿童文学对三十年代儿童文学乃至整个中国儿童文学的创作理路、风格,都产生了深远的影响,张天翼、陈伯吹等重要童话作家在用童话体式反映现实,寄寓讽刺与批判意旨上,承袭、借鉴并发展了叶圣陶所开创的现实主义风格的童话创作之路。(3)叶圣陶儿童文学创作有着不同的品质、风格与内涵。初期遵循儿童本位创作理念,适切于儿童听赏、认知、理解力与想象力,所塑造的儿童形象是鲜活的、具有生命力的、有着不同性格特质与丰富心理情感的全新儿童,在文本中,作者注重用儿童自己的声音、动作与细节来呈现儿童丰富的情绪与思想,这些儿童形象动态多元,自然真切。叶圣陶初期的儿童文学更多地塑造了觉醒的个体形象,与"五四"启蒙思潮推动下人的发现与个人意识觉醒有着突出的关联;而"五卅"之后叶圣陶儿童文学具有明显的成人—儿童双重隐含读者架设,作为反映、呈现、批判现实的功能文本,此期叶圣陶的儿童文学偏重于塑造反抗的群体形象,而曾经象征着和谐宁静的田园在这个时段的文本创作中也已支离破碎,此期的童话创作基本脱离了儿童的阅读接受。

　　叶圣陶儿童文学的实验创作,丰富了儿童文学可表现的内容与思想,使得儿童文学呈现出多样化、多形态的面向,中国儿童文学乃至当下不同品种不同风格的儿童文学大都能在叶圣陶儿童文学中溯源。叶圣陶所开创的不同童话的创作模式在后世都得到了发展与延续,叶圣陶是中国现代儿童文学的奠基人,同时也开启了中国现代儿童文学真正的创作时代。

二、文本承载现代性诉求

除却文本运用多重的现代性技法、模式外,叶圣陶儿童文学还突出地呈现了现代性的诉求,体现在以下几个方面:(1)"五四"时期的叶圣陶儿童文学文本溶注启蒙话语,塑造全新的儿童形象,叶圣陶笔下的儿童是灵肉一体的新人,在一些儿童小说中,叶圣陶注重表现真实儿童复杂的情绪情感状态,以及多面向的性格特征。在叶圣陶早期的儿童文学文本中常用二元对立的手法,展现全新的儿童形象以及呈现儿童洁净、纯真的童年精神,来反衬成人世界的守旧与迂腐,用儿童来承载与反映新旧世界的道德、伦理、观念的冲突,具有突出的启蒙色彩。(2)叶圣陶的儿童文学展现了对理想儿童的塑造与规劝之路,塑造了天真乖巧型与少年老成型两种典型的儿童形象,不论何种儿童形象,叶圣陶都注重文本下潜藏教育意义的生成,注重用儿童形象及童话故事给予隐藏读者以思想、行为上的暗示与引领,重视儿童文学对于读者的道德与社会化影响。(3)不论是塑造理想儿童,还是在文本中构建理想世界,叶圣陶的儿童文学传达了对未来中国、未来理想空间的美好想象。这样的世界是没有战乱侵略、告别封建道统、回归宁静的儿童化的世界,而理想世界的到来,是与身处这个世界的人紧密相关的,是与儿童紧密相关的,即使对理想世界的追求面临着现实危险,遭受到了污染,叶圣陶仍不放弃对它的探寻。但以叶圣陶为代表的中国现代儿童文学在构建理想世界、想象民族国家的话题上依旧存在着明显的局限,耽于幻想,过于迷恋儿童化的世界,缺乏解决问题的方法路径,文本中突出展现了理想世界的不可得、不可守护与对现实世界无可奈何的悲凉情绪。

叶圣陶儿童文学有着现代的文学创作技法、模式,同时,叶圣陶儿童文学在呈现个体情绪情感走向,捕捉工业文明中社会及个体的隐忧,剥离资本主义下对金钱与效率膜拜的虚伪等方面,与西方文学中的现代性表达及现代主义创作理念、模式与思想有着偶合与勾连。叶圣陶儿童文学发展了儿童文学表现题材、创作模式以及手法风格的可能性,叶圣陶的儿童文学是有着广阔的题材与深厚的思想内蕴的儿童文学,同时也是承载着现代性诉求,影响中国现代儿童文学创作模式与风格,品质与精神的儿童文学。

三、推动中国儿童文学的教育应用与社会化普及

儿童文学的教育应用与传播推广关系到儿童文学的普及与接受程度,也是检验儿童文学创作水准与品质,体现儿童文学价值与功能的关键,作为现代中国著名的教育家与出版家,叶圣陶在儿童文学的教育应用与推广普及上作出了诸多的尝试与努力。叶圣陶担任《小说月报》《中学生》《中学生文艺季刊》《开明少年》等刊物主编时期,通过刊物上专门的栏目板块发掘与推广优秀的儿童文学,扶植与提携了一批从事儿童文学的作家,在漫长的编辑生涯中,叶圣陶常为优秀的儿童文学作品撰写序跋、导读、鉴赏及广告,叶圣陶在推广儿童文学上另一重要的成绩在于对优秀儿童文学进行深入的研究、评论,同时撰

写阅读指导推介①,便于读者对于作品的特征、背景、精神有更为深入系统的了解。不论是儿童文学创作还是儿童文学的应用推广,叶圣陶都注重儿童文学对儿童语言、文学、审美、道德、智识的实际影响,特别是在国语课本中大量选用儿童文学作品,为探索儿童文学与小学国文教育的结合提供了成功的范例。《开明国语课本》将枯燥的课本知识儿童文学化,兼顾到了儿童的心理特征与阅读接受,叶圣陶善于将科学、艺术、历史、文化知识以文学或者儿童文学的形式呈现,其与夏丏尊合著的《文心》,用故事的形式串联起语汇、文法、字句、篇章,分章节地教授语文读写应用技巧,在文学故事中承载语文学习的目的与要求,使得语文学习呈现出活态、生动的面向。改编民间儿童文学、外国优秀儿童文学以及对其他名著经典的儿童文学化改写也是叶圣陶儿童文学生涯中的重要一部分,儿童文学早期脱胎于民间文学与文学经典中适于儿童阅读接受的部分;搜集、加工、改写文艺作品,将其儿童文学化,是儿童文学的重要体式,对文艺作品的儿童化与文学化改编,同时注重教育意涵的提取,叶圣陶儿童文学应用的方式方法是活态的、多元的,着重用文学的形式承载与传递教育的意图。在叶圣陶这里,文学与教育是融合的,是为影响人、为人的精神素质服务的。

  叶圣陶的儿童文学教育的实验应用形成于早期的教

---

① 四十年代初,叶圣陶还与朱自清先生合著了《精读指导举隅》(1941年由商务印书馆出版)及《略读指导举隅》(1943年由商务印书馆出版),在这两部著作中,叶圣陶探讨了课本中的儿童文学阅读与学习技巧、方法。

育教学实践,1920年前后的国语运动、"五四"新文化运动中儿童文学的讨论为叶圣陶儿童文学教育应用的理论与实践提供了外在条件。现代时期,叶圣陶为国语教材儿童文学化,为优秀儿童文学的传播、推广以及社会化普及作出了大量的工作,对当下儿童文学教育应用有着示范与借鉴意义。

叶圣陶对中国现代儿童文学的贡献主要体现在文本创作与社会化普及、教育应用等领域。在文本创作上,不同品质、风格、形态的叶圣陶儿童文学作品开拓了儿童文学可表现的题材、内容与精神,为各种类型、各种审美品质的中国儿童文学发展提供了可借鉴的范本与资源。在儿童文学的应用推广上,叶圣陶在其编选的各类国语教材与读本中,选用大量儿童文学作品,或将经典作品进行儿童文学化的改写,以儿童文学为主要资源的课本教材的实验开发,影响与提升了现代儿童文学的社会化普及程度与效果。从自发的现代文学童年书写走向自觉的儿童文学创作,叶圣陶开启了中国现代儿童文学的创作时代。儿童的发现、儿童文学的发生承载着新的中国的梦想,儿童文学又反过来为理想的人、理想中国、理想世界提供了文学化的想象与建构方式。不同时期的叶圣陶儿童文学的背后,彰显出儿童文学与时代语境、成人权力的对话、渗透与呼应关系,折射出现代中国童年文化与儿童观的曲折变动。现代中国,以叶圣陶为代表的儿童文学用自己独特的方式参与社会历史进程中,文本在回应社会历史话题,承载现代性精神,承接主流文学话语等方面有突出的展现。

透过叶圣陶儿童文学,我们能看到中国儿童文学的风貌、品质与精神,而通过儿童文学对儿童进行教育、施加影响则是其中不可规避的主题。需要看到的是,即便在建国后政治话语影响下的叶圣陶儿童文学审美属性逐步地被其意识形态属性遮蔽,文本过重的教育主义声音削损了艺术品质,但叶圣陶在创作、改写、编选儿童文学工作上,在推动儿童文学的教育化应用的工作上①呕心沥血,不遗余力,彰显出知识分子高度的社会责任感与使命意识。在儿童文学出版市场火爆盛行的当下,叶圣陶的儿童文学及其儿童文学的宣传推广工作所彰显出的高尚道德风范与无私奉献胸怀,应当成为从事儿童文学创作、出版、研究的各界人士反照自身的镜面,而叶圣陶教育主义儿童文学的经验及其教训,也应该成为儿童文学创作出版工作中需要注意或规避的问题。叶圣陶对于儿童文学事业的热衷、真诚、勤恳敬业的态度,应当成为中国儿童文学的品格、风范与尺度。

---

① 当代叶圣陶的儿童文学工作,也是儿童文学的教育应用工作,体现在:其一,创作、改写儿童文学遵循着政治化的路线与教育的主题。创作儿童文学以诗歌、散文为主,可查的儿童小说只有《友谊》一篇。改写儿童文学则分为两类,一类是以主流的文学话语出发,改写适应于共产主义教育方向性的经典神话传说,如《孟姜女》《牛郎织女》,对这一部分作品的改写作者注重对底层民众反抗精神的刻画;另一类改写作品则是叶圣陶对自己现代时期经典儿童文学创作的修改加工,包括对字词句段的梳理与纠错,使得作品适切于学生语言能力与审美素养的发展。其二,呼吁与扶植儿童文学的新生写作力量,体现在倡导、号召学校教师创作儿童文学,重视儿童文学的教育意涵的生成与教育主义的方向。

参考文献

1. 报刊类

[1] 陈独秀主编.新青年[J].上海:益群书社,1915—1926.

[2] 傅斯年,罗家伦等主编.新潮[J].北京:北京大学新潮社,1919.

[3] 茅盾,郑振铎,叶圣陶等主编.小说月报[J].上海:商务印书馆,1910—1932.

[4] 郑振铎,徐应昶主编.儿童世界[J].上海:商务印书馆,1922—1941.

[5] 叶圣陶,夏丏尊主编.中学生[J].上海:开明书店,1930—1949.

[6] 陆费逵等主编.教育杂志[J].上海:商务印书馆,1909—1948.

2. 作品类

[7] 叶圣陶. 叶圣陶集（1—26卷）[M]. 南京：江苏教育出版社，2004.

[8] 叶圣陶. 叶圣陶儿童文学全集[M]. 北京：中国少年儿童出版社，2005.

[9] 叶圣陶. 叶圣陶儿童文学选集[M]. 北京：中国少年儿童出版社，2010.

[10] 叶圣陶编，丰子恺绘. 开明国语课本[M]. 北京：中国少年儿童出版社，2011.

[11] 叶圣陶. 名家散失作品集：叶圣陶童书（1—5册）[M]. 北京：海豚出版社，2012.

[12] 蒲漫汀，蒋风等主编. 中国儿童文学大系（1—25册）[M]. 太原：希望出版社，2009.

[13] 鲁兵主编. 中国幼儿文学集成，诗·散文编（1919—1989）[M]. 重庆：重庆出版社，1991.

3. 专著类

叶圣陶研究类

[14] 叶圣陶. 叶圣陶论创作[M]. 上海：上海文艺出版社，1982.

[15] 商金林. 叶圣陶传论[M]. 合肥：安徽教育出版社，1995.

[16] 刘增人. 叶圣陶传[M]. 北京：东方出版社，2009.

[17]张香还.叶圣陶和他的世界[M].上海:上海教育出版社,1995.

[18]商金林.叶圣陶年谱长编[M].北京:人民教育出版社,2005.

[19]商金林.叶圣陶年谱[M].南京:江苏教育出版,1986.

[20]陈辽.叶圣陶评传[M].天津:百花文艺出版社,1981.

[21]任天石.叶圣陶小说论[M].南京:江苏教育出版社,1988.

[22]金梅.论叶圣陶的文学创作[M].上海:上海文艺出版社,1985.

[23]韦商编.叶圣陶和儿童文学[M].上海:少年儿童出版社,1990.

[24]刘增人,冯光廉编.叶圣陶研究资料[M].北京:北京十月文艺出版社,1988.

[25]郑振铎.郑振铎全集·儿童文学(第十三卷)[M].石家庄:花山文艺出版社,1998.

[26]顾颉刚.顾颉刚全集·顾颉刚书信集[M].北京:中国社会科学出版社,2001.

[27]叶至善.父亲长长的一生[M].南京:江苏教育出版社,2004.

[28]叶小沫.向爷爷爸爸学做编辑[M].北京:首都师范大学出版社,2010.

[29]吴泰昌.我了解的叶圣陶[M].北京:生活·读

书·新知三联书店,2014.

[30]刘麟编.叶圣陶周颖南通信集[M].郑州:河南教育出版社,1991.

文学理论类

[31][美]勒内·韦勒克、[美]奥斯汀·沃伦著,刘象愚、邢培明、陈圣生、李哲明译.文学理论[M].南京:江苏教育出版社,2005.

[32][俄]巴赫金著,白春仁、晓河译.小说理论[M].石家庄:河北教育出版社,1998.

[33][英]E.M.福斯特著,冯涛译.小说面面观[M].北京:人民文学出版社,1990.

[34][美]利奥·洛文塔尔著,甘锋译.文学、通俗文化和社会[M].北京:中国人民大学出版社,2012.

[35][捷克]米兰·昆德拉著,董强译.小说的艺术[M].上海:上海译文出版社,2000.

[36][法]伊夫·瓦岱著,田庆生译.文学与现代性[M].北京:北京大学出版社,2001.

[37][德]瓦尔特·本雅明著,王涌译.发达资本主义时代的抒情诗人[M].南京:译林出版社,2014.

[38][法]罗兰·巴尔特著,李幼蒸译.写作的零度[M].北京:中国人民大学出版社,2008.

[39][德]瓦尔特·本雅明著,王炳钧、陈永国、郭军、蒋洪生译.作为生产者的作者[M].开封:河南大学出版社,2014.

[40][法]德比亚齐著,汪秀华译.文本发生学[M].

天津:天津人民出版社,2005.

[41][联邦德国]H·R·姚斯、[美]R·C·霍拉勃编著,周宁、金元浦译.接受美学与接受理论[M].沈阳:辽宁人民出版社,1987.

[42][奥]西格蒙德·弗洛伊德著,常宏译.论文学与艺术[M].北京:国际文化出版公司,2001.

[43][瑞士]卡尔·古斯塔夫·荣格著,姜国权译.人、艺术与文学中的精神·荣格文集(第七卷)[M].北京:国际文化出版公司,2011.

[44][德]黑格尔著,朱光潜译.美学(第一卷一第三卷)[M].北京:商务印书馆,1981.

[45][英]乔治·奥威尔著,董乐山译.我为什么要写作[M].上海:上海译文出版社,2007.

儿童文化与文学研究类

[46][美]泰勒·何德兰、[英]坎贝尔·布朗士著,魏长保、黄一九、宣方译.孩提时代:两个传教士眼中的中国儿童生活[M].北京:群言出版社,2000.

[47]张倩仪.再见童年:消逝的人文世界最后回眸[M].北京:世界图书出版公司·后浪出版公司,2012.

[48][法]菲力浦·阿利埃斯著,沈坚、朱晓罕译.儿童的世纪:旧制度下的儿童和家庭生活[M].北京:北京大学出版社,2013.

[49]蒋风.中国现代儿童文学史[M].石家庄:河北少年儿童出版社,1987.

[50]蒋风,韩进.中国儿童文学史[M].合肥:安徽教

育出版社,1998.

[51] 周作人著,刘绪源辑笺.周作人论儿童文学[M].北京:海豚出版社,2011.

[52] 周作人著,止庵校订.儿童文学小论:中国新文学的源流[M].北京:北京十月文艺出版社,2011.

[53] 刘绪源.中国儿童文学史略(1916—1977)[M].上海:少年儿童出版社,2012.

[54] Mary Ann Farquhar. Children's Literature in China: From Lu Xun to Mao Zedong. Armonk, New York: M. E. Sharpe, 1999.

[55] 王泉根.现代儿童文学的先驱[M].上海:上海文艺出版社,1987.

[56] 王泉根.现代中国儿童文学主潮[M].重庆:重庆出版社,2006.

[57] 王泉根评选.中国现代儿童文学文论选[M].南宁:广西人民出版社,1989.

[58] 吴其南.中国童话史[M].石家庄:河北少年儿童出版社,1992.

[59] 吴其南.20世纪中国儿童文学的文化阐释[M].北京:中国社会科学出版社,2012.

[60] 吴其南.从仪式到狂欢:20世纪少儿文学作家作品研究[M].北京:人民文学出版社,2013

[61] 孙建江.20世纪中国儿童文学导论[M].成都:四川少年儿童出版社,2013.

[62] 张之伟.中国现代儿童文学史稿[M].上海:华

东师范大学出版社,1993.

[63] 朱自强.中国儿童文学与现代化进程[M].杭州:浙江少年儿童出版社,2000.

[64] 朱自强."分化期"儿童文学研究[M].北京:接力出版社,2013.

[65] 朱自强.儿童文学的本质[M].上海:少年儿童出版社,1997.

[66] 朱自强.儿童文学概论[M].北京:高等教育出版社,2009.

[67] 张香还.中国儿童文学史[M].杭州:浙江少年儿童出版社,1988.

[68] 方卫平.中国儿童文学理论发展史[M].济南:明天出版社,2006.

[69] 方卫平、王昆建主编.儿童文学教程[M].北京:高等教育出版社,2009.

[70] 徐兰君,[美]安德鲁·琼斯主编.儿童的发现:现代中国文学及文化中的儿童问题[M].北京:北京大学出版社,2011.

[71] 吕达,刘立德,邹海燕主编.杜威教育文集(第1—5卷)[M].北京:人民教育出版社,2008.

[72] 张心科编.民国儿童文学教育文论辑笺[M].北京:海豚出版社,2012.

[73] 张心科.清末民国儿童文学教育发展史论[M].北京:北京师范大学出版社,2011.

[74] 张永健.20世纪中国儿童文学史[M].沈阳:辽

宁少年儿童出版社,2006.

[75] 杜传坤.中国现代儿童文学史论[M].北京:中国社会科学院出版社,2009.

[76] 胡从经.晚清儿童文学钩沉[M].上海:少年儿童出版社,1982.

[77] 王黎君.儿童的发现与中国现代文学[M].北京:中国社会科学出版社,2009.

[78] 简平.上海少年儿童报刊简史[M].上海:少年儿童出版社,2010.

[79] 李利芳.中国发生期儿童文学理论本土化进程研究[M].北京:中国社会科学出版社,2007.

[80] 吴翔宇.五四儿童文学的中国想象研究[M].北京:北京师范大学出版社,2014.

[81] 谈凤霞.边缘的诗性追寻:中国现代童年书写现象研究[M].北京:人民出版社,2013.

[82] 刘绪源.儿童文学的三大母题[M].上海:华东师范大学出版社,2009.

[83] 朱自强.儿童文学概论[M].北京:高等教育出版社,2009.

[84] 王泉根主编.儿童文学教程[M].北京:北京师范大学出版社,2009.

[85] 蒋风主编.中国儿童文学发展史[M].上海:少年儿童出版社,2007.

[86] 梅子涵等.中国儿童文学5人谈[M].天津:新蕾出版社,2008.

[87] 陈晖. 儿童的文学世界(教师版)[M]. 北京:北京师范大学出版社,2011.

[88] 陈晖. 通向儿童文学之路[M]. 广州:新世纪出版社,2005.

[89] 杨实诚. 儿童文学美学[M]. 太原:山西教育出版社,1994.

[90] [日]上笙一郎. 儿童文学引论[M]. 成都:四川少年儿童出版社,1983.

[91] 金燕玉. 茅盾与儿童文学[M]. 郑州:河南少年儿童出版社,1983.

[92] 郑振铎著,郑尔康、盛巽昌编. 郑振铎和儿童文学[M]. 上海:少年儿童出版社,1982.

[93] [英]彼得·亨特主编,郭建玲、周惠玲、代冬梅译. 理解儿童文学:风信子儿童文学理论译丛[M]. 少年儿童出版社,2010.

[94] [法]卢梭著,李平沤译. 爱弥儿:论教育[M]. 北京:商务印书馆,1978.

[95] [瑞士]皮亚杰著,王宪钿等译. 发生认识论原理[M]. 北京:商务印书馆,1981.

[96] [加]佩里·诺得曼、[加]梅维丝·雷默著,陈中美译. 儿童文学的乐趣[M]. 上海:少年儿童出版社,2008.

[97] [意]玛丽亚·蒙台梭利著,梁海涛译. 童年的秘密[M]. 上海:上海人民出版社,2007.

[98] [俄]弗拉基米尔·雅可夫列维奇·普罗普著,贾放译. 故事形态学[M]. 北京:中华书局,2006.

[99][澳]史蒂芬斯著,张公善、黄惠玲译.儿童小说中的语言与意识形态[M].合肥:安徽少年儿童出版社,2010.

[100][瑞典]玛丽亚·尼古拉耶娃著,刘洊波、杨春丽译.儿童文学中的人物修辞[M].合肥:安徽少年儿童出版社,2010.

[101][美]凯瑟琳·奥兰丝汀著,杨淑智译.百变小红帽:一则童话三百年的演变[M].北京:生活·读书·新知三联书店,2006.

[102][意]贾尼·罗大里著,向菲译.幻想的文法[M].北京:中国少年儿童出版社,2014.

[103][美]谢尔登·卡什丹著,李淑珺译.女巫一定得死:童话如何塑造性格[M].北京:机械工业出版社,2014.

[104][加]李利安·H.史密斯著,梅思繁译.欢欣岁月:李利安·H.史密斯的儿童文学观[M].长沙:湖南少年儿童出版社,2014.

[105][法]保罗·阿扎尔.书,儿童与成人[M].长沙:湖南少年儿童出版社,2014.

[106] Deborah Cogan Thacker,Jean Webb. 儿童文学导论:从浪漫主义到后现代主义[M].台北:天卫文化,2005.

[107][德]瓦尔特·本雅明著,徐维东译.本雅明论教育:儿童·青春·教育[M].长春:吉林出版集团有限责任公司,2011.

[108][美]艾莉森·卢里著,晏向阳译.永远的男孩女孩：从灰姑娘到哈里·波特[M].南京:南京大学出版社,2008.

[108][瑞士]维雷娜·卡斯特,林敏雅译.童话的心理分析[M].北京:生活·读书·新知三联书店,2004.

[110][美]尼尔·波兹曼著,吴燕莛译.童年的消逝[M].桂林:广西师范大学出版社,2011.

[111][美]凯伦·科茨著,赵萍译.镜子与永无岛:拉康、欲望及儿童文学中的主体[M].合肥:安徽少年儿童出版社,2010.

[112][美]杰克·齐普斯著,赵霞译.作为神话的童话/作为童话的神话[M].上海:少年儿童出版社,2008.

[113][美]罗伯塔·塞林格·特瑞兹著,李丽译.唤醒睡美人:儿童小说中的女性主义声音[M].合肥:安徽少年儿童出版社,2010.

现代文学研究类

[114]王哲甫.中国新文学运动史[M].上海:上海书店,1986.

[115]胡适.白话文学史[M].上海:上海古籍出版社,1998.

[116]胡适.五十年来中国之文学[M].上海:上海科学技术文献出版社,2014.

[117]胡适等.中国新文学大系——建设理论集[M].上海:上海文艺出版社,2003.

[118]陈寿立编.中国现代文学运动史料摘编[M].

北京:北京出版社,1985.

[119] 李何林.近二十年中国文艺思潮论[M].陕西人民出版社,1981.

[120] 李泽厚.中国现代思想史论[M].上海:生活·读书·新知三联书店,2008.

[121] 李欧梵.李欧梵论中国现代文学[M].上海:上海三联书店,2009.

[122] 李欧梵.现代性的追求[M].北京:人民文学出版社,2010.

[123] 严家炎主编.二十世纪中国文学史[M].北京:高等教育出版社,2010.

[124] 钱理群,温儒敏,吴福辉主编.中国现代文学三十年[M].北京:北京大学出版社,1998.

[125] 钱理群.中国现代文学编年史:以文学广告为中心[M].北京:北京大学出版社,2013.

[126] 唐弢主编.中国现代文学史简编[M].上海:复旦大学出版社,2013.

[127] 曹万生主编.中国现代汉语文学史[M].北京:中国人民大学出版社,2010.

[128] 刘中树,许组华.中国现代文学思潮史[M].武汉:华中师范大学出版社,2009.

[129] 汪晖.现代中国思想的兴起[M].北京:生活·读书·新知三联书店,2004.

[130] 顾彬.二十世纪中国文学史[M].上海:华东师范大学出版社,2008.

[131] 许志英,倪婷婷.五·四:人的文学[M].南京:南京大学出版社,1992.

[132] 王章维,徐胜萍,卫金桂.五四与中国现代化[M].北京:北京师范大学出版社,1999.

[133] 张炯,邓绍基.中华文学通史(1—10卷)[M].北京:华艺出版社,1997.

[134] 陈平原.触摸历史与进入五四[M].北京:北京大学出版社,2010.

[135] 夏志清.人的文学[M].福州:福建教育出版社,2010.

[136] 夏志清.新文学的传统[M].北京:新星出版社,2005.

[137] 夏志清.中国现代小说史[M].上海:复旦大学出版社,2005.

[138] 王德威.现当代文学新论:义理·伦理·地理[M].北京:生活·读书·新知三联书店,2014.

[139] 王德威.想像中国的方法:历史·小说·叙事[M].北京:生活·读书·新知三联书店,1998.

[140] 王德威.被压抑的现代性:晚清小说新论[M].北京:北京大学出版社,1998.

[141] 王风,蒋朗朗,王娟主编.重回现场:五四与中国现当代文学[M].北京:北京大学出版社,2014.

[142] 王风,蒋朗朗,王娟主编.对话历史:五四与中国现当代文学[M].北京:北京大学出版社,2013.

[143] 王风,蒋朗朗,王娟主编.解读文本:五四与中

国现当代文学[M].北京:北京大学出版社,2014.

[144] 李秀萍.文学研究会与中国现代文学制度[M].北京:中国传媒大学出版社,2010.

[145] 杨联芬.晚清至五四:中国文学现代性的发生[M].北京:北京大学出版社,2003.

[146] 温儒敏主编.现代文学新传统及其当代阐释[M].北京:北京大学出社,2010.

[147] 陈平原.中国小说叙事模式的转变[M].北京:北京大学出版社,2010.

[148] 山口守,陈平原编:大众传媒与现代文学[M].北京:新世界出版社,2003.

[149] 王富仁.中国的文艺复兴[M].桂林:广西师范大学出版社,2003.

[150] 陈福康.郑振铎年谱[M].太原:山西古籍出版社,2008.

[151] [日]柄谷行人著,赵京华译.日本现代文学的起源[M].北京:生活·读书·新知三联书店,2006.

[152] [美]安敏成著,姜涛译.现实主义的限制:革命时代的中国小说[M].南京:江苏人民出版社,2001.

[153] 王烨.新文学与现代传媒[M].北京:学林出版社,2008.

[154] 张向东.语言变革与现代文学的发生[M].北京:人民文学出版社,2010.

[155] 李怡.日本体验与中国现代文学的发生[M].北京:北京大学出版社,2009.

出版史料类

[156] 张静庐辑注.中国近现代出版史料(共 8 册)[M].上海:上海书店出版社,2004.

[157] 宋应离编.20 世纪中国著名编辑出版家研究资料汇辑(全 10 辑)[M].开封:河南大学出版社,2005.

[158] 戈公振.中国报学史[M].长沙:岳麓书社,2011.

[159] 史春风.商务印刷馆与中国近代文化[M].北京:北京大学出版社,2006.

[160] 商务印书馆九十五年:我和商务印书馆 1897－1992[M].北京:商务印书馆,1992.

[161] 商务印书馆九十年:1897－1987[M].北京:商务印书馆,1987.

[162] 李家驹.商务印书馆与近代知识文化的传播[M].北京:商务印书馆,2005.

[163] 史春风.商务印书馆与中国近代文化[M].北京:北京大学出版社,2006.

[164] 王有亮.教育杂志与近代教育考论[M].北京:中央民族大学出版社,2012.

[165] 叶圣陶.开明书店二十周年纪念文集[M].北京:中华书局,1985.

[166] 周佳荣.开明书店与五四新文化[M].香港:中华书局(香港)出版有限公司,2009.

文化研究类

[167] [美]海登·怀特著,陈新译.元史学:19 世纪欧

洲的历史想象[M].南京:译林出版社,2009.

[168]黄金麟.历史、身体、国家:近代中国的身体形成(1895—1937)[M].北京:新星出版社,2006.

[169][美]费正清、赖肖尔著,陈仲丹等译.中国:传统与变革[M].南京:江苏人民出版社,1992.

[170]陈国球.文学史书写形态与文化政治[M].北京:北京大学出版社,2004.

[171][英]本尼迪克特·安德森著,吴叡人译.想象的共同体:民族主义的起源与散布[M].上海:上海人民出版社,2005.

[172][德]扬·阿斯曼著,金寿福、黄晓晨译.文化记忆:早期高级文化中的文字、回忆和政治身份[M].北京:北京大学出版社,2015.

[173][德]尤根·哈贝马斯著,曹卫东编译.哈贝马斯精粹[M].南京:南京大学出版社,2009.

[174][美]赫伯特·马尔库塞著,刘继译.单向度的人:发达工业社会意识形态研究[M].上海:上海译文出版社,2008.

[175] M. Foucault:What is Enlightenment? M. Foucault, Ethics:Subjectivity and Truth, The New Press, 1997, pp.

[176]李泽厚.美的历程[M].北京:生活·读书·新知三联书店,2009.

[177]丁耘编.五四运动与现代中国[M].上海:上海人民出版社,2009.

[178] 郝斌.五四运动与二十世纪的中国[M].北京:社会科学文献出版社,2001.

[179] 牛大勇,欧阳哲生主编.五四的历史与历史中的五四:北京大学纪念五四运动90周年国际学术研讨会论文集[M].北京:北京大学出版社,2010.

[180] 陈平原.触摸历史与进入五四[M].北京:北京大学出版社,2005.

[181] 陈平原编.红楼钟声及其回响:重新审读五四新文化[M].北京:北京大学出版社,2009.

[182] 陈平原,夏晓虹编.触摸历史:五四人物与现代中国[M].北京:北京大学出版社,2009.

[183] 张国有.民族复兴的历史起点[M].北京:北京大学出版社,2010.

[184] 张法.中西美学与文化精神[M].北京:中国人民大学,2010.

4. 论文类

[185] 王黎君.儿童的发现与中国现代文学[D].上海:复旦大学,2004.

[186] 欧阳芬.叶圣陶:在文学与教育之间[D].苏州:苏州大学,2010.

[187] 杜传坤.荆棘路上的光荣——中国现代儿童文学史论[D].济南:山东师范大学,2006.

[188] 张建清.晚清儿童文学翻译与中国儿童文学之诞生——译介学视野下的晚清儿童文学研究[D].上海:

复旦大学,2008.

[189] 毕海.艰难的追求:《稻草人》与中国现代儿童文学的发生[D].北京:北京师范大学,2005.

[190] 黄飞玲.论叶圣陶的儿童文学与儿童教育[D].长沙:湖南师范大学,2013.

[191] 甄甄.论叶圣陶童话——以《稻草人》为中心[D].长春:东北师范大学,2003.

[192] 王静.开创者的脚步——论叶圣陶童话的融创性[D].成都:四川大学,2007.

[193] 王玉霞.安徒生与叶圣陶童话创作之比较[D].呼和浩特:内蒙古师范大学,2008.

[194] 黄洁.开明国语课本研究[D].长春:东北师范大学,2012.

[195] 华希颖.中国现代文学童话中的儿童观[D].南京:南京师范大学,2004.

[196] 谈凤霞.20世纪初中国儿童文学的审美进程[D].南京:南京师范大学,2002.

[197] 孙韧.叶圣陶安徒生童话创作的比较论[D].青岛:青岛大学,2002.

[198] 陈晖.论中国文学童话的产生[J].广州师院学报(社会科学版),1997,(1).

[199] 陈晖.中国现代主义的民族化[J].北京师范大学学报(人文社会科学版),2001,(7).

[200] 陈晖.张爱玲作品中现代主义的总体特征[J].北京师范大学学报(社会科学版),2003,(3).

[201] 蒋风.试论叶圣陶的童话创作[J].杭州大学学报,1959,(6).

[202] 蒋风.叶圣陶童话在我国儿童文学史上的地位[J].浙江师范学院学报,1963,(2).

[203] 王泉根.论外国儿童文学对中国现代儿童文学的影响[J].浙江师范学院学报,1983,(3).

[204] 王泉根.论周作人与中国现代儿童文学[J].浙江师范学院学报,1984,(2).

[205] 王泉根.论叶圣陶童话对中国儿童文学贡献[J].云南民族大学学报,1986,(12).

[206] 彭晓丰.创造性背离——论叶圣陶小说风格的形成及对外来影响的同化[J].中国现代文学研究丛刊,1986,(4).

[207] 王泉根.稻草人主义:中国现代儿童文学的美学精神[J].浙江师范大学学报,1990,(2).

[208] 方卫平.输入与传播——从"儿童中心主义"到"儿童本位论"[J].浙江师范大学学报,1993,(2).

[209] 蒋风.叶圣陶童话艺术初探[J].文科教学,1994,(1).

[210] 商金林.开拓我国童话创作的路——《稻草人》漫评[J].中国现代文学研究丛刊,1994,(8).

[211] 方卫平.论五四时期中国儿童文学理论批评的现代自觉[J].东北师范大学学报,1994,(2).

[212] 黄云生.《稻草人》和现实主义童话[J].浙江师范大学学报,1999,(4).

[213] 阎浩岗.重新认识叶绍钧小说的文学史地位[J].文学评论,2003,(4).

[214] 顾彬.德国的忧郁和中国的彷徨:叶圣陶的小说《倪焕之》[J].清华大学学报(哲学社会科学版),2002,(2).

[215] 李红叶.叶圣陶与安徒生——兼论中国现代儿童文学对安徒生童话的接受[J].中国文学研究,2002,(6).

[216] 王黎君.中国现代文学中的儿童视角[J].文学评论,2005,(6).

[217] 寇欣伟.影响与误读:谈《稻草人》对《快乐王子》的接受[J].西南民族大学学报,2005,(7).

[218] 谈凤霞.论中国现代儿童文学发生期的审美困境[J].南京师范大学学报,2005,(3).

[219] 王泉根、杨宏敏.叶圣陶、张天翼童话之比较[J].中国文学研究,2006,(3).

[220] 杜传坤.生活的太"真"艺术的太"假"——重评叶圣陶童话[J].中国现代文学研究丛刊,2006,(3).

[221] 彭应翃.谈西方童话对叶圣陶早期创作童话的影响[J].广州大学学报,2007,(4).

[222] 谈凤霞.启蒙思想与中国现代儿童文学之发生[J].南京社会科学,2008,(8).

[223] 宋莉华.从晚清到五四:传教士与中国现代儿童文学的萌蘖[J].文学遗产,2009,(6).

[224] 刘进才.被发现的风景——国语运动与现代

儿童文学的兴起[J].河南大学学报,2009,(11).

[225] 胡丽娜.民国国语课本与儿童文学研究——以《开明国语课本》为例[J].当代文坛,2010,(3).

[226] 王黎君.《新青年》与中国现代儿童文学的发生[J].中国现代文学研究丛刊,2010,(5).

[227] 孙建国.清末民初:中国现代儿童文学的起源[J].中国现代文学研究丛刊,2010,(9).

[228] 刘绪源.重评童话集《稻草人》——兼论叶圣陶何以中断1922年以来的童话创作[J].南方文坛,2012,(5).

[229] 葛亮."问题"之所在——略论叶圣陶的短篇小说集《隔膜》[J].鲁迅研究月刊,2012,(11).

[230] 朱自强.论新文学运动中的儿童文学[J].上海师范大学学报,2013,(7).

[231] 杨剑龙、陈海英.民族国家视角与中国现代文学研究[J].中国现代文学研究丛刊,2011,(2).

[232] 罗岗.现代国家想象、民族国家文学与"20世纪中国文学"的重构[J].文艺争鸣,2014,(5).